Walter Wellenhofer

Theorie und Praxis psychomotorisch-instrumentaler
Lernziele

Walter Wellenhofer

Theorie und Praxis psycho-motorisch-instrumentaler Lernziele

dargestellt an Beispielen eines lernzielorientierten Geographieunterrichts

 Verlag Ludwig Auer, Donauwörth

© by Verlag Ludwig Auer, Donauwörth. 1975
Alle Rechte vorbehalten
Gesamtherstellung: Druckerei Ludwig Auer, Donauwörth
ISBN 3-403-00529-1

Inhalt

Vorwort

I. Zur Notwendigkeit einer differenzierenden Reflexion und Umsetzung instrumentaler Lernziele 9
II. Analyse des instrumentalen Lernzielbereiches 12
   1. Der theoretische Ansatz 12
   2. Die didaktischen Konsequenzen 15
   3. Die allgemeinen fachspezifischen Forderungen 20
III. Qualifikationen an kartographischen Arbeitsquellen 25
IV. Qualifikationen an bildhaften Arbeitsquellen . 38
V. Qualifikationen an sprachlichen Arbeitsquellen . 46
VI. Qualifikationen an statistischen Arbeitsquellen . 54
VII. Die „originale Begegnung" als Übungsfeld instrumentaler Qualifikationen 63
   1. Didaktische Kriterien 63
   2. Geographisch relevante Inhalte 67
   3. Fachdidaktische Forderungen 69
   4. Der psychologische Aspekt 73
   5. Versuch einer Klassifizierung 75
VIII. Instrumentale Qualifikationen und Unterrichtsplanung 79
IX. Zusammenstellung der Klassifikationsschematas instrumentaler Qualifikationen 83

Literatur 91

Verzeichnis der Abbildungen – Bildnachweis . . . 93

Vorwort

Die Einschulung und Entwicklung fachspezifischer Fertigkeiten, in der Schulerdkunde schon immer aktuell, finden wir als instrumentale Dimension innerhalb der allgemeinen Lernzieldiskussion wieder. In diesem Zusammenhang vermag gerade die Erdkunde, als eigenständiges Fach, aber auch in fächerübergreifendem Sinn, lebensrelevante psychomotorische Handlungsaktivitäten im Schüler zu entfalten. Dies erfordert aber eine nach pädagogischen und lernpsychologischen Kriterien strukturierte Differenzierung der instrumentalen Lernzieldimension, die bisher weder in der fachdidaktischen Literatur noch in den Vorbemerkungen bzw. den Erläuterungen der neuen Lehrpläne zu finden ist.

Auf der Grundlage curricularer Ansätze wird in den vorliegenden Ausführungen versucht, anhand der in der Schulerdkunde gegebenen Übungsfelder jene Arbeitsweisen durch hierarchisch geordnete Organisationsstrukturen darzustellen, die im Laufe der Schulzeit für die letztlich anzustrebende selbständige Bewältigung ausgewählter Fachinhalte erforderlich sind. Mit pauschalen Hinweisen auf einzelne pragmatische Fähigkeiten in den fachdidaktischen Veröffentlichungen und in den Lehrplänen ist dem Unterrichtspraktiker nicht gedient. Vielmehr verlangen diese vereinfachten Angaben (z. B. mit verschiedenartigen Karten umgehen können, Bilder nach ihrem geographischen Aussagewert interpretieren können etc.) nach einer gezielten, dem Fachanspruch und dem Leistungsvermögen der Schüler angemessenen Differenzierung und Strukturierung in Einzelaktivitäten, die dann nach curricularen Forderungen lernzielgerecht als Teilqualifikationen zu formulieren sind. Verhaltensaspekt und Inhaltsaspekt bilden sodann die beiden Strukturmerkmale der einzelnen instrumentalen Teillernziele.

In den nachfolgenden Ausführungen werden Organisationsstrukturen instrumentaler Lernziele in der Schulerdkunde, die nicht den Anspruch auf Vollständigkeit erheben, zur Diskussion gestellt. In welchem Grad eine Realisierung durch Reduzierung auf die jeweilige Leistungsfähigkeit möglich sein wird (natürlich von verschiedenen Variablen wie Alter, Eignung des Bildungsgutes, Niveau der Grundschulerdkunde, Unterrichtsführung, Lernintention u. a. m. abhängig), kann erst die Erprobung in der Unterrichtspraxis zeigen.

Walter Wellenhofer

I. Zur Notwendigkeit einer differenzierenden Reflexion und Umsetzung instrumentaler Lernziele

Die Bemühungen um neue zukunftsbedeutsame Lehrpläne erbrachten neben phasenspezifischen Ordnungskategorien[1] und daseinsorientierten Situationsfeldern für die Schulerdkunde auch die Theorie der Lernziele. Dabei sind drei Lernzieldimensionen zu unterscheiden, die sowohl dem Didaktiker bei der Lehrplanerstellung als auch dem Unterrichtspraktiker helfen sollen, bei der Suche und Realisierung von Qualifikationen Einseitigkeiten zu vermeiden. Diese drei Lernzielgruppen — kognitiv, affektiv, psychomotorisch — gliedern alle denkbaren Lernziele horizontal; zudem haben wir hinsichtlich des Tiefenbereichs der einzelnen Dimension[2] noch die vertikale Strukturierung zu beachten.

Nicht selten wird im Zusammenhang mit diesen Lernzieldimensionen von den sogenannten „neuen" Lernzielkategorien gesprochen, die immer als Teilergebnis der Curriculumforschung vorgeführt werden. An dieser Stelle soll einmal daran erinnert werden, daß bereits im 19. Jahrhundert diese drei Bildungsschwerpunkte ausdrücklich unterschieden wurden. Die zum Teil bedenkliche Vernachlässigung der historischen Komponente der Pädagogik ließ uns vergessen, daß Pestalozzis Bildungsbemühungen sich auf diese drei Zielfelder konzentrierten: „Die Elementarbildung umfaßt also physische,

---

1 Die stufenbezogenen Formeln lauten dafür: 5./6. Wir entdecken die Welt, 7./8. Große natürliche Ordnungen, 9./10. Raumstrukturen der modernen Gesellschaft und Wirtschaft; diese Ordnungskategorien werden durch Grunddaseinsbereiche strukturiert; vgl. dazu: Schultze, A.: Allgemeine Geographie statt Länderkunde! In: Geographische Rundschau, Braunschweig 1970, S. 1 ff.
2 Zur Erschließung des Tiefenbereichs der drei Lernzieldimensionen stehen Taxonomien zur Verfügung. Bei diesen handelt es sich um ein hierarchisch strukturiertes Organisationsprinzip, das alle zu einer Lernzieldimension gehörenden Lernziele erfassen und einordnen kann. Eine Taxonomie für den kognitiven Bereich erstellte Bloom, für die affektiven Lernziele liegt uns eine von Krathwohl u. a. vor.

intellektuelle und sittliche Kraftentfaltung: Hand, Kopf und Herz sollen gebildet werden, und zwar bis zum Können, zum Tun und Ausüben"[3]. Allerdings — und dies ist in der Tat das Neue an den Lernzieldimensionen — differenzieren wir diese auch vertikal, und zwar im Sinne einer stufenweise zunehmenden Ausentfaltung menschlichen Verhaltens. Diese binnenstrukturellen Klassifikationsschematas nennen wir Taxonomien.

Die folgenden Ausführungen beschäftigen sich ausschließlich mit der psychomotorischen Dimension und ihrer Bedeutung innerhalb der Schulerdkunde, wobei die Aussagen hierzu mit gewissen Einschränkungen zumindest auch auf andere Sachfächer übertragen werden könnten. Es geht in erster Linie um das Vertrautmachen mit facheigenen Arbeitsweisen und Techniken oder, wie es an anderer Stelle[4] heißt, um die „Beherrschung kulturell und gesellschaftlich relevanter Fertigkeiten und Grundtechniken". Der Begriff selbst umfaßt den Bereich der motorischen Fertigkeiten, die angeregt und entwickelt werden sollten. Ziel dabei ist, den Schüler fähig zu machen, das vielfältige Instrumentarium unseres Faches zum Zwecke des selbständigen Bildungserwerbs sachgerecht und nutzbringend zu gebrauchen. Aus diesem Grunde spricht man in der Geographie weniger von psychomotorischen oder pragmatischen als vielmehr von instrumentalen Lernzielen.

Der Erdkundeunterricht vergangener Jahre war wohl bewußt auf die Ausentfaltung fachspezifischer Arbeitsweisen orientiert, doch läßt sich unschwer anhand der Vorbemerkungen und Erläuterungen in den Lehrplänen oder Richtlinien beweisen, wie undifferenziert die instrumentale Dimension aufgegriffen wurde. Wir finden, oftmals nur satzteilartig, Hinweise, daß in der Erdkunde die Schüler über den „rechten Gebrauch geographischer Hilfsmittel" zu instruieren wären bzw. daß der Erdkundelehrer schon „zu Beginn der Erdkunde als neues und eigenständiges Unterrichtsfach auf die immanente Übung fachgerechter Arbeitsweisen zu achten" hät-

---

[3] Driesch/Esterhues: Geschichte der Erziehung und Bildung. Paderborn 1961, Bd. II; S. 89
[4] Ernst, E.: Lernziele in der Erdkunde. In: Geographische Rundschau, Braunschweig 1970, S. 189

te. Solche und ähnlich pauschale Formulierungen finden sich in den Richtlinien für die Oberstufe der bayerischen Volksschule (1963, 1966), in den Richtlinien für die Lehrpläne der Hauptschulen des Landes Schleswig-Holstein (1966, Abschnitt: Didaktische und methodische Hinweise), in den Richtlinien und Stoffplänen für die Volksschulen in Nordrhein-Westfalen (1967, Abschnitt: Bildungsformen), in den Richtlinien für die Volksschulen des Landes Niedersachsen (1964, Abschnitt: Verfahren und Mittel). Wie diese Beispiele zeigen, trifft die eingangs gemachte Feststellung auf viele deutsche Bundesländer zu, in der extrem allgemeinen Formulierungsform zumindest bis zu Beginn der siebziger Jahre. Wie noch an einem relativ aktuellen Beispiel aufgeführt werden wird, scheint sich auch nach dem genannten Zeitpunkt eine fundierte und nach curricularen Aspekten stärker detaillierte Forderung nach einem sinnvollen Gebrauch erdkundlicher Bildungsmittel in den neuesten Lehrplänen bzw. deren Entwürfen kaum niederzuschlagen. Curricular heißt aber auch und nicht zuletzt interdependente Differenziertheit bildungsnotwendiger Lehrplanelemente, wozu wir auch die instrumentale Dimension zu zählen haben. Wie dieser Forderung entsprochen werden kann, wird in der vorliegenden Arbeit gezeigt, wobei dominante Arbeitstechniken auf der Basis taxonomischer Kriterien verhaltensstrukturell ausdifferenziert werden.

II. Analyse des instrumentalen Lernzielbereiches

1. Der theoretische Ansatz

Manuelle Fertigkeiten, die in allen Fällen kognitiver Elemente bedürfen, werden dem psychomotorischen Bereich zugeordnet. Hier sind jene Ziele erfaßt, „die sich auf den Erwerb von praktischen Fertigkeiten und Verhaltensmustern beziehen"[5]. Von erworbenen praktischen Fähigkeiten kann allerdings erst dann gesprochen werden, wenn sie sich im Menschen so vertieft haben, wenn sie so eingeschliffen sind, daß sie, wie Heimann/Otto/Schulz es formulieren, zur ‚Gewohnheit' wurden. Das besagt: Jedes Verhaltensmuster hat einen gewissen Grad an physischem Automatismus aufzuweisen. Diese Ausentfaltung der einzelnen Fertigkeitsphasen, die hierarchisch geordnet, also aufeinander aufbauend zu verstehen ist, erläutert uns Dave, Verfasser der pädagogisch-psychologischen Taxonomie des psychomotorischen Bereichs, auf folgende Weise: „Verhaltensweisen, die zu diesem Bereich gehören, schließen Muskelbewegungen ein und erfordern neuromuskuläre Koordination... Hierbei soll die bestmögliche Koordination zwischen psychischer und muskulärer Aktivität wie auch zwischen den einzelnen Muskelbewegungen... erreicht werden. Mit zunehmender Koordination beim Lernenden werden seine Handlungen differenzierter, schneller und automatischer"[6].

In allen bisherigen Veröffentlichungen zu curricularen Fragen und Problemen finden wir immer wieder Hinweise verschiedener Autoren, daß bisher noch keine voll befriedigende vertikale Durchstrukturierung der psychomotorischen Dimension vorhanden ist. Und in der Tat kann diese Feststellung nur nachvollzogen werden, wenn man die Meßlatte

---

5 Dave, R. H.: Eine Taxonomie pädagogischer Ziele und ihre Beziehung zur Leistungsmessung. In: Ingenkamp/Marsolek: Möglichkeiten und Grenzen der Testanwendung in der Schule. Weinheim 1968, S. 231
6 Dave, a. a. O. S. 231

des Unterrichtspraktikers an die bisherigen Vorschläge anlegt. Neben dem für die Zwecke des Unterrichts unbrauchbaren faktorenanalytischen Schema von Guilford, das gleichwohl nur als Denkmodell zu verstehen ist, finden wir die Taxonomie von Dave, der diese selbst als Arbeitshypothese bezeichnet.

Der psychomotorische Bereich nach Guilford und Dave:

Guilford	Dave
Kraft	Imitation
Stoß	Manipulation
Geschwindigkeit	Präzision
statische Präzision	Handlungsgliederung
dynamische Präzision	Naturalisierung
Koordination	
Flexibilität	

Abb. 1

Auf der Suche nach einem für unsere Unterrichtsarbeit geeigneten Organisationsprinzip psychomotorischer Verhaltensweisen finden wir bei Heimann/Otto/Schulz[7] einen recht einfachen, für unsere Zwecke aber durchaus brauchbaren Vorschlag. Brauchbar deshalb, weil einerseits deren „Taxonomie" transparent und übersichtlich geordnet ist, andererseits sich ihr Differenzierungsvorschlag nach sog. Qualitätsstufen innerhalb unserer Unterrichtsarbeit realisieren läßt.

Der psychomotorische Bereich nach Heimann/Otto/Schulz:

Qualitätsstufen	Aktivitäten
Anbahnung :	Fähigkeit
Entfaltung :	Fertigkeit
Gestaltung :	Gewohnheit

Abb. 2

---

[7] Heimann/Otto/Schulz: Unterricht, Analyse und Planung. Hannover 1970, 5. Auflage, S. 26 f.

Zur Erläuterung und zum Abschluß des in diesem Rahmen nur andeutungsweise skizzierten theoretischen Aspekts zum psychomotorischen = instrumentalen Lernzielbereich ein einfaches Beispiel:

Grobziel: Der Schüler soll mit großmaßstäbigen thematischen Karten umgehen können.

Feinziel: Der Schüler soll die Legende der thematischen Karte „Bodennutzung in Deutschland" lesen können (= Stufe der Fähigkeit).

Feinziel: Der Schüler soll mit Hilfe der Legende der thematischen Karte „Energieversorgung der Bundesrepublik" die Kopf- und Endstationen und die jeweilige Länge folgender Pipelines ermitteln können: TAL, CEL, SEPL (= Stufe der Fertigkeit).

Feinziel: Der Schüler soll die Länge der Pipelines TAL und SEPL messen und miteinander vergleichen und durch zusätzliche Verwendung einer physikalischen Karte die Schwierigkeiten bei der Verlegung dieser Leitungen gegeneinander abwägen können (= Stufe der Gewohnheit).

Wir sehen aus diesem Beispiel folgendes:

— Auch instrumentale Lernziele besitzen einen verschieden hohen Grad an Abstraktion bzw. Konkretion deshalb:
— hat man bei den instrumentalen Lernzielen Grob- und Feinziele zu unterscheiden. Hauptunterscheidungsmerkmal: das Grobziel weist keine präzise, fachspezifische Zuordnung eines gewissen Inhalts auf.
— Instrumentale Lernziele können und sind in einzelne Feinziele, ihrer jeweiligen Schwierigkeit nach, hierarchisch geordnet zu zerlegen.
— Die einzelnen Feinziele lassen sich verschiedenen Qualitätsstufen zuordnen, ein Zeichen für die erforderliche Ausentfaltung psychomotorischer Fertigkeiten: die Handlungen werden differenzierter, schneller, sicherer.

— Jedes instrumentale Feinziel, gleich welcher Qualitätsstufe, ist für die Unterrichtsarbeit durch die Angabe des „signifikanten Lerngegenstandes"[8], also des Inhalts, an dem es zu erreichen ist, zu präzisieren.

2. Die didaktischen Konsequenzen

Bei jedem instrumentalen Lernziel müssen wir aufgrund der Ausführungen zum theoretischen Aspekt eine schrittweise Ausentfaltung anstreben bis hin zur automatisierten Anwendung dieser oder jener Fertigkeiten. Aus der Sicht der Didaktik können zur Begründung folgende Argumente angeführt werden:

— Sind instrumentale Fertigkeiten so gefestigt, so eingeschliffen, daß sie im Sinne der höchsten Qualitätsstufe zur Gewohnheit geworden sind, dann bedeutet das für den Schüler eine Reduzierung der physischen und kognitiven Anstrengungen und zwar beim Gebrauch bzw. bei der Anwendung bestimmter Arbeitsweisen.
— Sind instrumentale Fertigkeiten so ausentfaltet, daß sie in gewissem Sinne automatisch ablaufen, dann, und erst dann, werden kognitive Energien frei für die eigentliche Aufgabe, mit Hilfe fachtypischer Arbeitsweisen selbständig Erkenntnisse, Kausalzusammenhänge, Erklärungen, Ursachen etc. herauszufinden.

Graphisch läßt sich diese gegenläufige Entwicklung auf nachfolgende Art darstellen, wobei der nach rechts sich öffnende Pfeil jene für die Gewinnung neuer Einsichten und Kenntnisse zur Verfügung stehende kognitive Leistungskapazität veranschaulicht:

---

8 Der Begriff „signifikanter Lerngegenstand" wird von Brucker/Hausmann verwendet. Sie verweisen in diesem Zusammenhang u. a. auf die „methodische Eigenschaft" des Lerngegenstandes. Dieser soll durch seine Beschaffenheit „Gelegenheit zu übungsmäßiger Anwendung typisch geographischer Arbeitsweisen geben". Brucker/Hausmann: Bodenzerstörung und Bodenerhaltung in den Prärieebenen der USA. In: Geographische Rundschau, Braunschweig 1972/Beiheft 2, S. 37 f.

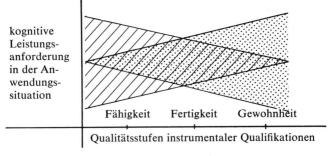

Abb. 3

Von Abschlußqualifikationen instrumentaler Art zu sprechen, die am Ende eines Schuljahres zu erreichen sind, ist problematisch. Es hat wenig Sinn, z. B. für das 5. Schuljahr Qualifikationen im Bereiche kartographischer und bildhafter Informationsquellen schwerpunktmäßig anzustreben, während man vielleicht für die 8. Schulstufe Fertigkeit im Umgang mit statistischem Material und Diagrammen fordert, um es überspitzt zu formulieren. Der Umgang mit den diversen Karten läßt sich nicht auf bestimmte Schulstufen begrenzen, was im übrigen auch für die meisten anderen instrumentalen Lernziele gilt. Die erste Konfrontation mit der Landkarte als verkleinertem, eingeebnetem Abbild eines Teiles der Erdoberfläche erfährt der Schüler bereits in der Grundschule[9] („Umgang mit Plänen und Karten"), und sie zieht sich hin bis zur Interpretation von thematischen Karteninhalten innerhalb der Wirtschaftsgeographie des 9. Schuljahres. Am besten läßt sich diese Erscheinung durch das didaktische Prinzip der Spirale[10] erläutern und bewältigen: oft-

---

[9] Vergleicht man die Ausführungen des Lehrplanentwurfs für die Erdkunde, so läßt sich hier nur an wenigen Stellen eine durch entsprechende Formulierung gekennzeichnete Stufung feststellen; Schulreform in Bayern, Bd. I, S. 57 Grundschule, S. 162 Orientierungsstufe, S. 248 Hauptschule.

[10] Das didaktische Prinzip der Spirale entspricht dem Grundsatz der „optimalen Passung" von Subjekt- und Sachkomponente (Heckhausen). Der einzelne Lerngegenstand tritt in jeder Schulstufe auf, allerdings unter spezifischer Relation auf das altersadäquate Auffassungs- und Denkvermögen. Es ändern sich dabei zwangsläufig

malige Wiederholung mit jeweils anderer Schwerpunktverlagerung, mit einer jeweils dosierten Zunahme und Verfestigung der Anwendungssicherheit bis hin, durch ständiges Üben und Wiederholen, zu einem gewissen Grad von automatisierter Handlungsaktivität. Wenn wir das eben angeführte instrumentale Lernziel „Umgang mit Karten" nach dem erwähnten Spiralenprinzip aufschlüsseln, so könnte das etwa folgendes Bild ergeben:

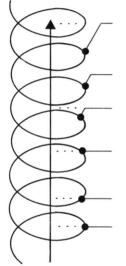

Korrelationszusammenhänge zwischen physischen und thematischen Karteninhalten

Umgang mit thematischen Karten

Übertragung horizontaler Darstellung in Geländeschnitte

Verbalisieren, interpretieren geografischer Erscheinungen auf der physischen Karte

Messen, Lokalisieren, Zuordnen

Einführung in das Kartenverständis, Legende

Abb. 4

Hendinger[11] stößt mit einer ihrer Forderungen, allerdings mit einer nicht angebrachten Einschränkung, in die gleiche Richtung, wenn sie feststellt: „... wobei unter Umständen auch an eine Stufung instrumentaler Lernziele zu denken ist."

---

die Betrachtungsperspektiven. In jedem Falle ist darauf zu achten, daß vom konkret Erfahr- und Erfaßbaren ausgegangen wird.
Bruner, J. S.: Studies in cognitive growth. New York 1966
Einsiedler, W.: Arbeitsformen im modernen Sachunterricht. Donauwörth 1972/S. 24

11 Hendinger, H.: Lernziele und ihre Verwirklichung. In: Geographische Rundschau, Braunschweig 1971, Beiheft 1, S. 10

Für instrumentale Lernzielkataloge wäre zu fordern, daß einmal diese nicht auf einzelne Schuljahre begrenzt werden sollten und zum anderen, daß, wenn solche von den Unterrichtspraktikern erwünschten Zusammenstellungen instrumentaler Qualifikationen in die Lehrpläne aufgenommen werden, diese ein Höchstmaß an Differenziertheit aufweisen müssen.

Die Forderung nach Ausentfaltung pragmatischer Fertigkeiten oder Verhaltensmuster verlangt noch nach einer weiteren didaktischen Konsequenz. Zum Erlernen und Üben solcher Qualifikationen bedarf es fachspezifischer Übungsfelder bzw. Arbeitsquellen. Diese müssen u. a. auch eine sogenannte methodische Eigenschaft[12] besitzen, was besagt, daß diese Übungsfelder als Lerngegenstände zur Anbahnung von fachtypischen Arbeitstechniken geeignet sein müssen. Die Geographie bietet uns solche Übungsfelder in vielfältigen Formen an. Man denke dabei nur an die verschiedenartigen Arbeitsquellen wie Karten, terrestrische Landschaftsbilder und Luftbilder, Forschungsberichte, Zeitungsnotizen, Statistiken, Diagramme u. a. m. Diese Übungsfelder für instrumentale Qualifikationen müssen in Zukunft stärker in den erdkundlichen Lehr- und Arbeitsbüchern Berücksichtigung finden, als dies bisher schon der Fall war. Sie erlauben als Materialsammlungen mit gezielten Arbeitsaufträgen den selbständigen Erwerb neuer Einsichten und Erkenntnisse, allerdings unter der Voraussetzung, daß der einzelne Schüler die entsprechenden Arbeitstechniken sachgerecht anwendet, letztlich beherrscht.

Abb. 5

---

[12] vgl. dazu Anmerkung 8!

Aus diesen Überlegungen sehen wir deutlich, daß „instrumentale Lernziele nicht um ihrer selbst willen da sind und in der Anwendungssituation ihre Wertneutralität verlieren"[13]; dabei werden „die meisten Arbeitstechniken im Rahmen der Behandlung anschaulicher Einzelbilder vermittelt, die einerseits eine unmittelbare Anwendung der Techniken ... zulassen, zum anderen Einblick in fremdartige Umweltsituationen vermitteln"[14]. Instrumentale Qualifikationen zielen auf die fachgerechte Handhabung der zur Verfügung stehenden „Werkzeuge" und ermöglichen in hohem Maße das selbständige Lernen, Grundlage für das in unserer Zeit mit seiner beruflichen Mobilität immer notwendiger werdende ‚life-long-learning'. Es ist deshalb nicht wirklichkeitsnah, eine Gewichtung von kognitiven und instrumentalen Lernzielen zugunsten der kognitiven vorzunehmen. Hier stehen sich viele Vertreter der Fachdidaktik Geographie und die Realität des Lebens gegenüber. So können wir die Aussage Hendingers als die allgemein vorherrschende Meinung nicht unterstützen, wenn sie feststellt, daß die instrumentalen Lernziele „keineswegs eine grundsätzliche Vorrangigkeit" besitzen, „im Gegenteil, wesentlicher sind die kognitiven Lernziele"[15].

Zu den wichtigsten Bestandteilen eines curricularen Lehrplanes gehören genau formulierte Grob- bzw. Hauptlernziele, was diesen im übrigen von den bisherigen Stoffplänen wesentlich abhebt. Bei diesem Bemühen taucht immer die Schwierigkeit der konkreten stofflichen Zuordnung für die einzelnen Lernziele auf. Dieses Problem ist nun bei den instrumentalen Lernzielen nicht in dem Maße gegeben, da sie zunächst ohne einen bestimmten fachinhaltlichen Bezug konzipiert werden können. Das besagt, daß z. B. die Fertigkeit, terrestrische Bilder nach ihrer geographischen Aussagekapazität befragen zu können, keine bestimmte Zuordnung

---

13 Ernst, E.: Der bisherige Beitrag der Geographie zu Fragen der räumlichen Umweltgestaltung. In: Der Erdkundeunterricht, Stuttgart 1971, Sonderheft 1, S. 109
14 Hoffmann, G.: Lehrplan Erdkunde für Klasse 5 und 6. In: Geographische Rundschau, Braunschweig 1971, Beiheft 1, S. 18
15 Hendinger, a. a. O., S. 11

eines ausgewählten Teilinhalts verlangt. Es handelt sich hier, wie bei anderen Fertigkeiten auch, um eine im Laufe der Unterrichtsarbeit immer wieder erforderliche Verhaltensweise. Diese Tatsache gibt den instrumentalen Lernzielen den Charakter eines Unterrichtsprinzips, zumindest für unsere Schulerdkunde.

In den Lehrplänen sollte dem instrumentalen Lernzielbereich mehr Aufmerksamkeit als bisher geschenkt werden; das könnte sich ausdrücken in einer frühzeitigen, besonders aber auch in einer detaillierten Erfassung aller erforderlichen fachspezifischen Einzel-Qualifikationen. Dem Unterrichtspraktiker bleibt dann immer noch die nicht leicht zu lösende Aufgabe der Differenzierung in qualitätsstufenbezogene, mit Inhalt erfüllte Feinziele.

3. Die allgemeinen fachspezifischen Forderungen

Für den Bereich der instrumentalen Lernziele innerhalb der Geographie erbrachte die Diskussion der letzten Jahre eine mehr oder weniger umfangreiche, nach verschiedenen Ordnungsmustern strukturierte Zusammenstellung erforderlicher Qualifikationen. Alle sollten letztlich dem gleichen Ziel dienen, nämlich, dem Schüler zum selbständigen Erwerb von Kenntnissen, Einsichten und Wertmaßstäben zu verhelfen. Am geeignetsten erscheint jene vom Verband Deutscher Schulgeographen[16] konzipierte Auswahl instrumentaler Verhaltensweisen, die allerdings für die Belange unserer Schulerdkunde noch zu durchforsten wäre.

„Allgemeine instrumentale Lernziele geographischen Unterrichts sind:

1. Räumliche Orientierungshilfen und entsprechende Ordnungssysteme, die für eine selbständige Gewinnung, Einordnung und Bewertung einschlägiger Informationen erfor-

---

16 Verband Deutscher Schulgeographen 1970: Zur Gestaltung und Zielsetzung geographischen Unterrichts. In: Schultze, A. (Hrsg.): Dreißig Texte zur Didaktik der Geographie. Braunschweig 1972², S. 293 f.

derlich sind (Schaffung räumlicher Vergleichs- und Bezugssysteme; Erfassen von Distanzen; Orientierungsvermögen im Gradnetz, im topographischen Grundgerüst, in der Gliederung der Erde unter physisch-geographischen und anthropogeographischen Gesichtspunkten, Ermitteln von Grenzen, Grenzsäumen und Einzugsbereichen),

2. Einführen in fachspezifische Arbeitsweisen und durch Übung den selbständigen, sachgemäßen und kritischen Umgang mit Arbeitsmitteln ermöglichen (Arbeit mit groß- und kleinmaßstäbigen, thematischen und angewandten Karten, mit Statistiken und Diagrammen; Beobachten — Registrieren — Auswerten — Bewerten; Erstellen von Karten, Krokis, Kausalprofilen; Bildauswertung; Beschreibung, Auswertung und Beurteilung relevanter Texte; Umgang mit und Erstellung von Modellen; Beurteilung von Transfermöglichkeiten),

3. Anwendung geographischer Arbeits- und Untersuchungsmethoden auch in der unmittelbaren Begegnung mit der Umwelt zur Förderung gezielter Wahrnehmung und Kreativität (z. B. Lehrwanderung, Feldarbeit, Betriebserkundungen, Befragungen)."

Wenn wir diese Vorschläge mit den entsprechenden Forderungen im bayerischen Lehrplanentwurf, die gleichsam als Beispiel für ähnlich ungenügende Formulierungen in Fachlehrplänen anderer Bundesländer aufgeführt werden dürfen, z. B. mit der Erdkunde der Orientierungsstufe vergleichen, so finden wir, daß die Lehrplanhinweise doch recht mager und zu wenig spezifiziert ausfielen. Es heißt dort u. a., daß die geographischen Fertigkeiten entwickelt, gefestigt und schrittweise aufgebaut werden müssen. Wie das vor sich gehen soll, wird nicht weiter ausgeführt. Die unzureichende innere Ordnungsstruktur, die fehlende, konsequente Kontinuität, der stellenweise schlagwortartige Charakter werden durch eine tabellarische Übersicht augenscheinlich.[17]

---

17 Vgl. Literaturanmerkung 9!

Grundschule	Orientierungsstufe	Hauptschule
„facheigene Arbeitsweisen, wie planmäßiges Beobachten und Beschreiben und geogr. Erscheinungen und Vorgänge, Vergleichen, Zeichnen von Skizzen und Schaubildern, Umgang mit Plänen und Karten. ... Das Lesen und Erstellen einfacher Tabellen und Schaubilder mit Vergleichswerten (z. B. Entfernungen, Höhen, Wetterdaten, Einwohnerzahlen) fördern das Erfassen von Größenordnungen und Zusammenhängen"	„... ist es notwendig, schrittweise aufbauend bestimmte geogr. Fertigkeiten und Kenntnisse zu entwickeln und zu festigen: die Einsicht in die Richtung, Distanz, Lage und Struktur geogr. Objekte; den verständigen Umgang mit erdkundlichen Hilfsmitteln; die Beherrschung zeichnerischer und verbaler Darstellungsmethoden; ... Die Schüler müssen lernen, mit verschiedenartigen Karten umzugehen, topographische und thematische Skizzen anzufertigen und Bilder, Texte und Tabellen auszuwerten. Sie sollen angeleitet werden, das Kartenbild in die Wirklichkeit und die Wirklichkeit in das Kartenbild umzusetzen."	„Das Lesen und Interpretieren verschiedenartiger Karten wird in allen Jahrgangsstufen geübt. ... Durch die Vermittlung fachspezifischer Arbeitstechniken wird die Aktivität des Schülers gefördert: Bilder und Texte werden ausgewertet, Kartenskizzen gezeichnet, Tabellen und grafische Darstellungen erstellt, Diagramme und Statistiken gelesen."

Es wäre nun eine Arbeit für sich, diese Aussagen nach ihrem konkreten Gehalt abzuklopfen, die verschiedenen Forderungen jeweils miteinander zu vergleichen (z. B. Grundschule: „Lesen und Erstellen einfacher Tabellen" — Hauptschule: „Tabellen... werden erstellt"!), zu untersuchen, ob und inwieweit eine innere Ordnung hinsichtlich zunehmender Schwierigkeiten einzelner Arbeitstechniken vorhanden ist, zu prüfen, ob die stufenbezogene Zuordnung entwicklungspsychologischen Überlegungen standhält u. a. m. Schon beim oberflächlichen Lesen lassen sich viele parallel aufscheinende Hinweise feststellen, außerdem finden sich zu viele ungenaue Formulierungen, z. B. der verständige Umgang mit erdkundlichen Hilfsmitteln, verschiedenartige Karten.

Es gäbe nun zwei Möglichkeiten, die erforderlichen instrumentalen Lernziele lehrplangerechter und sachgerechter zu formulieren.

— Jede Schulstufe erhält einen phasenspezifisch zubereiteten Katalog entsprechender Qualifikationen, die in jedem Falle kontinuierlich aufgebaut, also auf die benachbarten Schulstufen abgestimmt sind.
— Man erstellt für alle Schulstufen den gleichen Katalog instrumentaler Fertigkeiten und zwar im Sinne einer indikativen Maximalplanung. Dabei wäre es Aufgabe des einzelnen Lehrers, die richtige Selektion in fachspezifischer und altersgemäßer Hinsicht vorzunehmen.

Aus der Fülle möglicher instrumentaler Lernziele wählte Hausmann[18] für die Orientierungsstufe eine Reihe brauchbarer Qualifikationen aus. Diese sind einerseits übersichtlicher, differenzierter und eindeutiger formuliert als jene im bayerischen Lehrplanentwurf, andererseits sind sie transparenter und vor allem den Gegebenheiten und Bedürfnissen der Unterrichtspraxis angemessener dargestellt als die Vorschläge des Verbandes Deutscher Schulgeographen. Am Ende des 6. Schuljahres sollten die Schüler demnach beherrschen:

— „Mit einer Legende arbeiten können.
— Die Maßstabsleiste benutzen können.
— Die Himmelsrichtung bestimmen können.
— Mit dem Gradnetz arbeiten können.
— Höhenangaben aus der Karte entnehmen können. (Bis hierher Lernziele der Grundschule, die in 5/6 vertieft werden).

---
18 Hausmann, W. (Hrsg.): Welt und Umwelt. Geographie für die Sekundarstufe I, Lehrerausgabe. Braunschweig/München 1972, S. L III

- Aus den Texten geographische Sachverhalte herausholen können.
- Einfache Schaubilder (Diagramme) lesen können.
- Bilder unter geographischen Gesichtspunkten betrachten können.
- Einfache Querschnitte selbst zeichnen können.
- Tabellen auswerten können.
- Tabellen graphisch umsetzen können.
- Vergleichbare Tabellen bzw. Schaubilder auswerten können.
- Das vergleichende Betrachten von Globus-Karte, physischer Karte — thematischer Karte, mehrerer thematischer Karten lernen.
- Mit programmierten Unterweisungen arbeiten können."

Im Sinne einer Zusammenfassung dürfen wir feststellen: In der Schulerdkunde wird die instrumentale Lernzieldimension dann ihrer Bedeutung entsprechend berücksichtigt, wenn sie zum Unterrichtsprinzip erhoben wird. Das heißt:

- Bei der Eruierung und Formulierung der ein Situationsfeld (= Raumbeispiel) abdeckenden Teilziele ist immer auf den instrumentalen Lernzielbereich zu achten. Es sollte deshalb stets ein ausgewogenes Verhältnis von kognitiven und instrumentalen Lernzielen angestrebt werden.
- Grundsätzlich gilt, daß Kenntnisse, Einsichten, Kausalzusammenhänge etc. nur dann vorgegeben werden sollen, wenn sie nicht selbständig, also mit Hilfe instrumentaler Fertigkeiten, erreicht werden können. Dies kann z. B. der Fall sein beim Fehlen von entsprechenden Arbeitsmaterialien oder bei zu komplexen und schwierigen geographischen Erscheinungen.

III. Qualifikationen an kartographischen Arbeitsquellen

Neben dem erdkundlichen Lehrbuch zählen Atlas und Wandkarte zu den am häufigsten vorhandenen fachspezifischen Arbeitsmitteln. Nicht ohne Grund werden diese auch als „die Stützen der erdkundlichen Unterrichtsarbeit"[19] bezeichnet; denn „das Erarbeiten der ökologischen Situation, die neben den Beziehungen der einzelnen Teile der dinglichen Erfüllung einer Landschaft zueinander und vor allem zu ihren Bewohnern auch die Lagebeziehungen zu klären hat, erfordert den Umgang der einzelnen Schüler mit geographischen Karten, und zwar sowohl mit physischen, als auch mit angewandten Karten"[20]. Diese Aussage verweist auf die Sinnlosigkeit jeglichen geographischen Unterrichts ohne die Karte als Hilfsinstrument für Orientierung, Einordnung und Gliederung, als Informationsquelle und Übungsgelände instrumentaler Qualifikationen.

Obwohl die Verwendung physikalischer Karten, die dem Schüler Aufschluß geben über die Landschaftsmorphologie, Flüsse, Seen, Küstenformen, Inseln, menschliche Ansiedlungen, Verkehrseinrichtungen u. a. m. und der Gebrauch thematischer Karten mit ihren Aussagen über Vegetation, Anbauzonen, Bevölkerungsverteilung, Rohstoffvorkommen, Industrieansiedlungen etc. in unserer Schulerdkunde unerläßlich ist, muß nachdrücklich bemerkt werden, daß Karten überaus differenzierte und sehr abstrakte Gebilde sind. Daraus ergeben sich für deren Verwendung im Unterricht verschiedene Konsequenzen, nicht zuletzt die behutsame, besser den genetischen als den synthetischen Weg[21] einschlagende Einführung in das Kartenverständnis und die zusätzliche, häufige Verwendung von Bildmaterial zur Veranschaulichung kartographischer Abstraktas.

---

19 Ebinger, H.: Erdkunde in der Volksschule. Lübeck und Hamburg 1966, S. 57 ff.
20 Ebinger, H.: a. a. O., S. 59
21 Schmidt, A.: Der Erdkundeunterricht. Bad Heilbrunn 1968, S. 178 f.

Die verschiedenen Karten erlauben nun die Einschulung diverser instrumentaler Qualifikationen, die dem Schüler vor allem über seine Schulzeit hinaus wertvolle Dienste im Berufs- und Privatleben leisten können. Karten dürfen demnach als primäre Übungsfelder für die Anbahnung und Entwicklung fachspezifischer Fertigkeiten betrachtet werden. Zu den in diesem Abschnitt formulierten instrumentalen Lernzielen sind vorweg folgende Aspekte anzumerken:

— Sie orientieren sich an den Anforderungen des Lehrplans, den Erwartungen der Fachwissenschaft und am Leistungsvermögen der Schüler der Sekundarstufe I, Volks- bzw. Hauptschule.
— Sie erheben nicht den Anspruch auf Vollständigkeit, d. h. nicht alle Teilkriterien lassen sich in der jeweiligen Formulierung eines Lernziels unterbringen.
— Sie sind taxonomisch, also hierarchisch geordnet: Die einfache Qualifikation steht am Anfang, die relativ schwierigste am Ende dieses Organisationsprinzips. Es wurde weiterhin versucht, die jeweils vorausgehende Qualifikation als Grundlage und Voraussetzung für die folgende Verhaltensweise darzustellen.
— Dieses Nacheinander läßt sich in der Unterrichtswirklichkeit in seiner vertikalen Abfolge kaum nachvollziehen, da vieles oft gleichzeitig bewältigt werden muß, z. B. Legende lesen und Entfernungen messen können.

Und noch einige methodische Hinweise: Bei jeder Arbeit mit Karten sollte eine inhaltlich zwingende Notwendigkeit für deren Gebrauch vorhanden sein. Übungen ohne unterrichtlichen Bezug beeinträchtigen Freude und Interesse der Schüler beim Umgang mit Karten. Man verwende die oft zitierten Spielformen mit Wettbewerbscharakter dosiert! Übungen zur Sicherung und Festigung instrumentaler Qualifikationen an kartographischen Übungsfeldern sollten Bestandteil jeder Unterrichtsstunde sein, wobei in den wenigen, zur Verfügung stehenden Minuten mitunter auch durch die Sozialformen Partner- und Gruppenarbeit Übungsaufgaben bewältigt werden können. Allerdings ist eine vorher abgesprochene Konzentration auf bestimmte Raumelemente erforderlich, damit Übungen mit Karten nicht zur Fallenstellerei ausarten.

▶ *1. Die Schüler sollen mit Hilfe der Legende physikalische Karten lesen können*

Gleichzeitig mit der Einführung in das Verständnis der Karte als zweidimensionale Abbildungsmöglichkeit dreidimensionaler Raumausschnitte werden die Schüler mit einfachen, leicht verständlichen Zeichen und Signaturen vertraut gemacht. Die blaue Linie kennzeichnet z. B. den heimatlichen Bach, der unregelmäßig eine grüne Fläche, den Flurbereich, teilt und gleichsam eine Verbindungslinie zwischen zwei Punkten, dem Schulort und dem Nachbarort, bildet. Es geht also um die Fähigkeit, „Flächen-, Linien- und Punktsignaturen physikalischer Karten"[22] interpretieren zu können, die im Laufe der Unterrichtsarbeit weiter auszudifferenzieren und zu festigen ist. Erst das schnelle und sichere Erfassen und das Übersetzenkönnen der abstrakten Symbolik in anschauliche Begriffe[23] schafft die Voraussetzung dafür, den Karten exakte Aussagen über topographische Gegebenheiten, geographische Erscheinungen und Prozesse entnehmen zu können.

In diesem Zusammenhang ist auch auf die Kennzeichnung sozioökonomischer Faktoren in thematischen Karten hinzuweisen. Die Signaturen müssen, um den Übertragungsvorgang zu erleichtern, eine gewisse Ähnlichkeit mit der darzustellenden Erscheinung aufweisen, was im übrigen auch für Symbole physischer Karten gilt. Man denke dabei an die Kennzeichnung von Kohlevorkommen durch gekreuzte, schwarz oder braun gefärbte Hämmer, an das rote Blitzzeichen zur Symbolisierung von Kraftwerken, an die kurzen, senkrechten Linien für Weinanbau, an die periodisch unter-

---

[22] Richter, D.: Lehrplanentwurf für die Orientierungsstufe. In: Geographische Rundschau, Braunschweig 1971, Beiheft 1, S. 73
[23] Kreibich/Hoffmann: Lehrplanentwurf für die Klassen 5 und 6. In: Geographische Rundschau, Braunschweig 1971, Beiheft 1, S. 103

brochene Doppellinie für Bahnstrecken. Daraus läßt sich für physikalische wie für thematische Karten das Postulat ableiten, „daß eine mögliche Rückführung des abstrakten Zeichens auf einen konkreten Ausgangspunkt erkennbar"[24] sein sollte. Für unser instrumentales Lernziel bedeutet das, daß zumindest für die Stufe der Anbahnung eine gewisse Wirklichkeitsnähe der Signaturen erforderlich ist, um das Umsetzen in lebendige Vorstellungen zu erleichtern.

Erschwert wird das Erreichen dieses instrumentalen Lernziels allerdings durch die uneinheitliche Verwendung verschiedener Symbole. So bedeutet eine rote Strichsignatur einmal die Kennzeichnung von Eisenbahnlinien[25], während diese Verkehrseinrichtung in einem anderen Atlas[26] wieder durch schwarze Linien symbolisiert wird, die aber beim erstgenannten Kartenwerk das Zeichen für Straße bilden. Wenn wir dazu noch die unterschiedlichen Signaturen bei groß- und kleinmaßstäbigen Karten betrachten, läßt sich unschwer erfassen, daß für 9- und 10jährige Schüler selbst dieses einfache Lernziel einen manchmal nicht unerheblichen Leistungsaufwand mit sich bringt.

▶ *2. Die Schüler sollen mit Hilfe der Maßstabsleiste Entfernungen messen können*

Nach der Größe des Maßstabes unterscheiden wir topographische und geographische Karten, wobei man die Grenze etwa bei einem Maßstab von 1:200 000 ansetzt. Die in unserer Schulerdkunde zu verwendenden Karten sollen möglichst großmaßstäbig sein, weil sie wirklichkeitsentsprechender sind und für die Schüler, die ja weniger durch den großen Überblick als durch das inhaltliche Detail motiviert werden, stärkere Aussagekraft besitzen. Ebenso wie die Legende ist auch

---

24 Ebinger, H.: a. a. O., S. 88
25 Vgl. Diercke/Dehmel: Weltatlas. Braunschweig 1968, 55. Auflage der Neubearbeitung!
26 Vgl. Westermann Schulatlas, Braunschweig 1970². Interessant ist die Tatsache, daß beide Atlanten aus dem gleichen Verlagshaus kommen!

der Maßstab integrativer Bestandteil bei der Einführung ins Kartenverständnis.

Der Maßstab gibt den Umfang der Verkleinerung wieder ohne dadurch die räumlichen Relationen der gegebenen Dimensionen zu verfälschen. Dabei sollte es uns bei diesem instrumentalen Lernziel nicht um Maßstabsmathematik gehen. Vielmehr ist darauf zu zielen, daß die Schüler zunächst Verständnis für die Bedeutung des Maßstabes gewinnen. Hierher gehört neben der Kenntnis, daß kleine Maßstäbe große Raumausschnitte darstellen, auch die Einsicht, daß sich je nach Größe des Maßstabes die Qualität, das Konkretionsniveau der auf der Karte abgebildeten Raumelemente ändert. Das Verständnis kann auch weiterhin durch die Gegenüberstellung eines ausgewählten Landschaftsausschnittes in zwei verschiedenen Maßstäben vertieft werden, wobei die unterschiedliche Größe des projizierten Raumes und das verschieden hohe Abstraktionsmaß anschaulich werden.

Wir werden natürlich die Fähigkeit, mit der Maßstabsleiste umgehen zu können, bei bzw. nach der originalen Begegnung eines erfahrbaren, eng begrenzten Landschaftsausschnittes anbahnen. Die Übertragung der tatsächlichen Entfernungen auf die Größenverhältnisse eines Sandkastens oder der Wandtafel erfordern die Verkleinerung der ermittelten Distanzen, was von den Schülern im allgemeinen ohne besondere Schwierigkeiten erfaßt wird.

Auf der Grundlage eines sachentsprechenden Kartenverständnisses werden die Schüler dann die auf den Karten angegebenen Maßstabsleisten bei der Ermittlung von Entfernungen zuverlässig verwenden können. Durch immerwährendes Üben, das stets aus der konkreten Unterrichtssituation herauswächst und deren Ergebnisse erforderliche Bestandteile des darauffolgenden Unterrichtsabschnittes bilden, wird diese Fertigkeit zunehmend gefestigt. Als unterrichtspraktische Empfehlung sei hier an die Möglichkeit erinnert, häufig vorkommende Maßstäbe auf einem etwas stärkeren Transparentstreifen zu fixieren, der die Entfernungsermittlung erleichtert. Ansonsten sind für Entfernungsmessungen das Lineal oder ein feuchter Bindfaden zu verwenden.

Ebenso wie sich transparente Papierstreifen für ein selbst

anzufertigendes Maßstabslineal eignen, lassen sich mit diesem Hilfsmittel auch Flächen messen und vergleichen. Ein sog. Flächenmaßstab enthält z. B. Vergleichskarten der Bundesrepublik etwa in den Maßstäben 1:18 Mio., 1:36 Mio., 1:60 Mio. und erlaubt, bei entsprechender Verwendung, wirklichkeitsnähere Raumvorstellungen. Zusätzlich können mit diesem Arbeitsgerät noch ungefähre Flächenmessungen vorgenommen werden, wenn Flächenquadrate im gleichen Maßstab zum Zwecke des Auszählens vorhanden sind.

▶ *3. Die Schüler sollen sich mit Hilfe landschaftsgliedernder Elemente, des Gradnetzes und des Registers auf der Karte orientieren können*

Hier geht es um die Fähigkeit des Orientierens auf der Karte, die nicht zwangsläufig vorhanden sein muß, wenn der Schüler mit Legende und Maßstabsleiste umgehen kann. Zum Zurechtfindenkönnen gehört zunächst ganz wesentlich die Bestimmung der Himmelsrichtungen. Die Orientierungsfähigkeit setzt ein gewisses Maß an Raumvorstellung voraus, die am leichtesten dann erreicht wird, wenn man auf gut durchstrukturierten Karten mit einer gemäßigt ‚dinglichen Erfüllung' den Schüler mit landschaftsgliedernden, signifikanten Elementen konfrontiert. Als solche dürfen z. B. für den süddeutschen Raum die Alpenkette, der Bodensee, die Fließrichtungen von Donau, Main und Rhein, die als Raster im Vorstellungsbereich des Schülers aufzubauen sind, betrachtet werden.

Landschaftsgliedernde Elemente sind also markante Formen der Landschaftsmorphologie wie Hochgebirge, Mittelgebirge, Tiefebenen, das Flußnetz, ausgeprägte Küstenformen. Beim Schüler muß, wieder nur durch oftmaliges Üben und Wiederholen erreichbar, eine innere Raumvorstellung im Sinne einer Grobtopographie entwickelt werden, damit schließlich über ein zuverlässiges Orientierungsvermögen verfügt werden kann. Auch die Fähigkeit, mittels Gradnetz und Register sich zurechtfinden zu können, ist auszubilden und dient dem Erreichen dieses instrumentalen Lernziels.

▶ *4. Die Schüler sollen in überschaubaren, gut gegliederten Räumen Geo- und Soziofaktoren lagerichtig lokalisieren können*

Eng verbunden mit dem Orientierungsvermögen ist die Fähigkeit, lagerichtig lokalisieren zu können. Haben wir es bei den Orientierungsübungen mit der physikalischen, also einer ‚sprechenden‘ Karte zu tun, so verwenden wir bei Lokalisierungsaufgaben hauptsächlich die sog. stummen Karten, in die der Schüler unterrichtsrelevante Geo- und Soziofaktoren lagerichtig einzutragen hat. Dies setzt allerdings voraus, daß die stumme Karte ein gewisses topographisches Grundgerüst aufweist, um eine sichere Zuordnung zu gewährleisten. Die bloße Angabe von politischen Grenzverläufen erschwert die Lokalisierung und ist öfter Anlaß für fehlerhafte Eintragungen, die das Orts- und Lagebewußtsein verfälschen können.

In diesem Zusammenhang ist auch das Zeichnen von Kartenskizzen einer kurzen Betrachtung zu unterziehen, da diese Qualifikation ebenfalls als Forderung in den Vorbemerkungen der Lehrpläne[27] aufscheint. Auch wenn das Substantiv Kartenskizze zur Erläuterung das Adjektiv einfach führt, ist diese Tätigkeit nicht unproblematisch, wenn man darunter das Herausarbeiten von einfachen Skizzen aus Karten versteht. Im Gegensatz dazu erhöht das Anfertigen von Kartenskizzen aufgrund direkter Anschauung, z. B. bei Wanderungen und Beobachtungsgängen, die Fähigkeit der Raumvorstellung. Ein möglichst genaues Abzeichnen von Kartenausschnitten ist dagegen abzulehnen, da es nur ein mechanisches Nachvollziehen ist. „Die aufgewandte Zeit und Arbeit steht in keinem sinnvollen Verhältnis zum pädagogischen Ertrag"[28]. Da die Anfertigung von Kartenskizzen aufgrund direkter Anschauung durch die stoff-inhaltliche Konzeption in den Lehrplänen relativ beschränkt ist, kann man diese Fähigkeit mit Hilfe von Kartenstempeln oder vom Lehrer entworfenen Skizzen pflegen. Dadurch entgeht man der Gefahr, durch Verzerrungen zu wirklichkeitsfremden Raumvorstellungen zu führen.

---
27 Siehe Schulreform in Bayern, a. a. O., S. 57, 162, 248
28 Schmidt, A.: a. a. O., S. 180

▶ *5. Die Schüler sollen die abstrakten Karteninhalte in Raumvorstellungen übertragen können*

Letztlich zielen alle bisher angeführten Teilqualifikationen auf diese Fähigkeit; die Geographie bietet uns besonders geeignete Arbeitsweisen, die eingeübt und entwickelt werden müssen, um dieses Ziel zu erreichen: Kenntnis der Höhendarstellung — Profilerarbeitung — Reliefbau.
In physischen Karten werden durch besondere Techniken wie Schraffen, Schummerung, Isohypsen auch Höhenverhältnisse wiedergegeben. Die Schüler müssen, um eine wirklichkeitsnahe Vorstellung von der Landschaftsmorphologie zu erhalten, die Höhendarstellung auf der Karte erfassen können. Hier werden Fähigkeiten[29] zu entwickeln sein wie „aus Schattierungen das Relief ablesen können" oder „anhand von zwei Höhenpunkten den Höhenunterschied ermitteln können" oder „Höhenlinien kennen" oder „Erfassen der Hangneigung" oder „den Zusammenhang zwischen Hangneigung und Abstand der Höhenlinien in Worten wiedergeben können"[30].
So und ähnlich lauten die Forderungen, die jedoch einerseits die Leistungsfähigkeit des Schülers, zumindest der Orientierungsstufe, nicht in angemessener Weise berücksichtigen, andererseits übersehen, daß einmal in Atlanten kaum Isohypsendarstellungen zu finden sind und durch die kleinmaßstäbigen Karten, wenn überhaupt, nur ganz grobe Werte zu ermitteln sind. Daher wird es seltene Tätigkeit des Lehrers sein, aus Karten und vor den Augen der Schüler quantitative Profile auf der Grundlage eines genauen Längen- und Höhenmaßstabes zu entwickeln.
Qualitative Profile dagegen sollten auch schon 10- und 11jährige anfertigen können, wobei man in jedem Falle auf die vorausgehende Verbalisierung der entsprechenden Kartenaussagen achten sollte. Mit Hilfe einer Karte mit dem Maßstab 1:2 Mio. läßt sich z. B. ein qualitatives Profil der Oberrheinischen Tiefebene mit der Schnittlinie Freiburg deshalb

---

29 Die nachfolgend aufgeführten Fähigkeiten finden sich in den verschiedenen Lehrplanentwürfen, veröffentlicht in Beiheft 2 der Geographischen Rundschau, Braunschweig 1972
30 Hoffmann, G.: a. a. O., S. 20

relativ leicht erstellen, da östliche und westliche Höhenpunkte durch die Gipfelhöhen des Feldbergs und des Großen Belchen zur Verfügung stehen. Auf der Grundlage dieser Werte und des Längenmaßstabes kann mit wenig Mühe ein Profil mit einer der Wirklichkeit nahekommenden Höhen- und Längenrelation erstellt werden. Voraussetzungen dafür sind allerdings das Verständnis der Höhendarstellung, geeignetes Kartenmaterial und signifikante Oberflächenformen. Für unsere Schulerdkunde werden Profildarstellungen eigentlich erst dann sinnvoll, wenn neben dem morphologischen Bild sozioökonomische, klimatische u. a. Faktoren aufscheinen. Dies besagt, daß Landschaftsprofile einer Ergänzung bedürfen. Damit sind wir bei den sogenannten Kausalprofilen angelangt, „bei denen auf dem ... Profil die dingliche Erfüllung schematisch-symbolhaft eingetragen ist ..., so daß oft (Kausal-)Beziehungen zwischen der dinglichen Erfüllung und dem Untergrund, der Natur des Raumes, aufleuchten"[31]. Hier werden dann Funktionszusammenhänge klar, es werden Wirkungsbezüge zwischen Human- und Naturfaktoren einsichtig.

Schließlich sollte in diesem Zusammenhang vollständigkeitshalber auf die Möglichkeit hingewiesen werden, ausgewählte Raumausschnitte durch Reliefbau im Sandkasten oder in Pappe nachzugestalten. Diese recht sinnvolle, das sichere Erreichen des hier angesprochenen Lernziels durchaus unterstützende Tätigkeit, ist, obwohl bei den Schülern recht beliebt, sehr zeitraubend und bleibt daher auf Ausnahmefälle beschränkt.

▶ *6. Die Schüler sollen aus thematischen Karten sozioökonomische Aussagegrößen entnehmen können*

Bisher beschäftigten wir uns vorwiegend mit Qualifikationen instrumentaler Art an physischen Karten. Schon der glücklicherweise größer werdende Anteil an thematischen Karten[32]

---

31 Schmidt, A.: a. a. O., S. 186
32 Es werden für diese Bezeichnung verschiedene Synonyma verwendet: angewandte Karten, Sonderkarten, Spezialkarten, Wirtschaftskarten.

in unseren Schulatlanten gibt die zunehmende Bedeutung dieser Spezialkarten, die Adelmann[33] zu Recht als wahre Fundgruben geographischer Zusammenhänge bezeichnet, wieder. Wir kennen Klima- und Vegetationskarten, Karten, die die Bodennutzung, das Rohstoffvorkommen, die Industrieansiedlungen, Verkehrswege, Bevölkerungsdichten etc. ausgewählter Räume aufzeigen. Die einfache Formel des Lehrplans, „mit verschiedenartigen Karten umgehen können" und „das Lesen und Interpretieren verschiedenartiger Karten" kann dem differenzierten Angebot und den daraus entstehenden Anforderungen hinsichtlich der instrumentalen Dimension nicht gerecht werden.

Die im Unterricht zu verwendenden Sonderkarten haben als Qualitätsmaßstab zwei wesentliche Kriterien aufzuweisen, wenn man die Schüler in deren Gebrauch einführt: Thematische Karten dürfen nicht durch eine Überfülle an inhaltlichen Faktoren mehr verwirren als aufklären, und die graphischen Symbole und die unterschiedlich gestalteten Flächensignaturen müssen durch ihre Form und Farbe eine gewisse dingliche Ähnlichkeit aufweisen, um Assoziationen zu ermöglichen. Das instrumentale Lernziel, mit thematischen Karten umgehen zu können, läßt sich sicherer erreichen, wenn z. B. eine Vegetations- und eine Klimakarte desselben Raumes in der gleichen Größe, nebeneinander angeordnet, zur Verfügung stehen. Dies erhöht die Lesbarkeit, erleichtert das Zurechtfinden und erlaubt sinnvolle Vergleiche bezüglich der Funktionszusammenhänge. Grundsätzlich gilt, daß erst dann mit angewandten Karten im Sinne des „selbständigen Forschens und Findens"[34] gearbeitet werden kann, wenn die Schüler relative Sicherheit im Umgang mit physischen Karten erreicht haben.

---

[33] Adelmann, J.: Methodik des Erdkundeunterrichts. München 1966³
[34] Adelmann, J.: a. a. O., S. 151

▶ *7. Die Schüler sollen sozioökonomische Aussagegrößen thematischer Karten in Beziehung setzen können mit topographischen Inhalten physischer Karten*

Wenn der sichere Umgang mit physischen und thematischen Karten gewährleistet ist, lassen sich beide Kartenarten in optimaler Weise im Unterrichtsprozeß einsetzen. Die Schüler werden nach angemessener Übungszeit fähig sein, durch „Vergleich der thematischen Karten untereinander und mit der physischen Karte Rückschlüsse auf die wechselseitigen Beziehungen der einzelnen Faktoren einschließlich des Menschen und seiner Kultur zu ziehen und erhalten somit eine Vorstellung vom Wirkungsgefüge der zu betrachtenden Landschaft"[35]. Die Karte wird nun erst zur echten Arbeitsquelle, aus der funktionale Beziehungen und Prozesse entnommen werden können, die das Wechselspiel zwischen Natur- und Kulturlandschaft mit Einschränkungen wiedergeben kann, aus der lebendige Vorstellungen des Raumes beim sachgerechten Gebrauch der adäquaten Fertigkeiten zu gewinnen sind.

Am Beispiel der kartographischen Darstellung des Oberrheingrabens sollen nun die hier diskutierten Einzelqualifikationen anschaulich aufgezeigt werden. Die instrumentale Qualifikation, „mit Landkarte und Maßstab umgehen können", zielt auf die sequentierte Ausentfaltung, letztlich auf die sichere Beherrschung folgender ausgewählter Fähigkeiten:

---

35 Ebinger, H.: a. a. O., S. 86

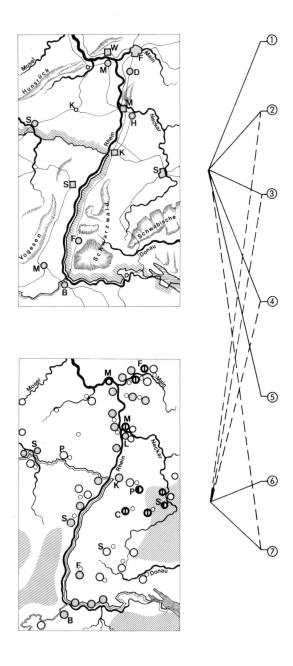

① Die Schüler sollen mit Hilfe der Legende physikalische Karten lesen können. Z. B.
— den Verlauf der Hauptverkehrslinien ermitteln können,
— die Randgebirge erkennen und benennen können;

② Die Schüler sollen mit Hilfe der Maßstabsleiste Entfernungen messen können. Z. B.
— die Länge der Autobahn zwischen Basel und Frankfurt ermitteln können,
— Länge und Breite des Oberrheingrabens messen können;

③ Die Schüler sollen sich mit Hilfe landschaftsgliedernder Elemente, des Gradnetzes und des Registers auf der Karte orientieren können. Z. B.
— die Lage der Randgebirge im Flußnetz des Oberrheingrabens auswendig beschreiben können;
— den Großen Belchen als höchste Erhebung der Vogesen mit Hilfe des Registers lokalisieren können.

④ Die Schüler sollen in überschaubaren, gut gegliederten Räumen Geo- und Soziofaktoren lagerichtig lokalisieren können. Z. B.
— die Namen der Nebenflüsse im Bereich des Oberrheingrabens in eine Kartenskizze einfügen können;
— die Hauptverkehrslinien des Oberrheingrabens in eine stumme Karte einzeichnen können.

⑤ Die Schüler sollen die abstrakten Karteninhalte in Raumvorstellungen übertragen können. Z. B.
— das Oberrheintal im Sandkasten nachbilden können;
— einen qualifizierenden Querschnitt des Oberrheintales zwischen Feldberg und Belchen anfertigen können.

⑥ Die Schüler sollen aus thematischen Karten sozioökonomische Aussagegrößen entnehmen können. Z. B.
— Industriezentren im Oberrheingraben feststellen können;
— die Verkehrserschließung der Industriezentren ablesen können.

⑦ Die Schüler sollen sozioökonomische Aussagegrößen thematischer Karten in Beziehung setzen können mit topographischen Inhalten physischer Karten. Z. B.
— die Bedeutung der Randgebirge für die Verkehrserschließung erkennen können;
— die Bedeutung der Ausrichtung der Randgebirge für die Bodennutzung im Oberrheingraben ableiten können.

IV. Qualifikationen an bildhaften Arbeitsquellen

Zu der generalisierten und stark abstrakten Darstellung von Raumausschnitten auf Karten brauchen wir zur Veranschaulichung und Verlebendigung der Landschaft das Bild. Seine didaktische Bedeutung liegt in erster Linie in seiner Aussagekraft und seinem Informationswert. Sekundär bieten uns Bilder die Möglichkeit, lebensrelevante Qualifikationen im Sinne von Fertigkeiten einzuschulen. Unsere Lehrpläne fordern dieses Lernziel mit einer seiner Bedeutung und Vielschichtigkeit unangemessenen, einfachen Formulierung wie etwa: „planmäßiges Beobachten und Beschreiben, das Lesen einfacher Schaubilder, Bilder auswerten können"[36].
Bilder faszinieren und motivieren Kinder stärker als alle anderen Arbeitsmittel. In vielen Fällen sind die Bilder der Ausdruckskraft des Lehrerwortes bei der Beschreibung oder Erläuterung eines Sachzusammenhanges überlegen. Sie kommen dem an Anschauungen gebundenen, konkret-dinglichen Denken der Schüler sogar bis über die Vorpubertät hinaus entgegen. Erdkundliche Bilder vermitteln dem Schüler anschauliche Vorstellungen von einem nicht erfahrbaren Raum, sie ermöglichen zuverlässige Informationen über die Beschaffenheit eines Landschaftsausschnittes, über Wirkungen von Geo- und Soziofaktoren und werden dadurch zu einer unentbehrlichen Quelle in unserer Schulerdkunde, vorausgesetzt, ihr Aussagewert ist sachlich richtig und aktuell. Bei allen methodischen Vorzügen darf aber nie vergessen werden, daß Bilder immer nur Ersatzobjekte für die unmittelbare Anschauung und das direkte Beobachten und Erleben sein können.
Didaktische Aufgabe der Bilder im Erdkundeunterricht ist nicht die Illustration, sondern die Dokumentation. Aus dieser Perspektive entstehen hinsichtlich der pragmatischen Dimension entsprechende Konsequenzen und Bedingungen. Bilder sind zuvörderst Arbeitsquellen mit Aufforderungs-

---

36 Schulreform in Bayern, a. a. O., S. 57, 162, 248

charakter, nicht „begleitende Zugabe"[37] zur Befriedigung und „Förderung naiver Schaulust"[38]. Wir haben eine Vielzahl von Bildquellen zur Dokumentation und Erarbeitung fachspezifischer Inhalte zur Verfügung: Bilder aus Zeitungen und Zeitschriften, Bilder in Erdkundebüchern, Werbeschriften und Reiseprospekte, Wand- und Handbilder, Fotos mit der realen, differenzierten Wirklichkeit, künstlerische Zeichnungen mit der Betonung des Wesenhaften, terrestrische Landschaftsbilder und Luftbilder u. a. m., wobei wir uns im wesentlichen auf die Fähigkeit, Wand- und Handbilder lesen und interpretieren zu können, konzentrieren wollen. Aufgabe dieser Bilder ist es, im Unterricht aufscheinende Fragen und Probleme beantworten und lösen zu helfen. Dazu bedarf es zweierlei:

> Erstens, der auswählenden Hand des Lehrers, da zur Vermeidung oberflächlichen Bildbetrachtens die Beschränkung auf wenige, aussagekräftige Bilder geboten ist; weiterhin kann es bei dem einen oder anderen Bild erforderlich sein, Beobachtungsimpulse zu geben oder sogar präzise Arbeitsaufgaben zu stellen.
>
> Zweitens, der instrumentalen Qualifikation des Schülers, geographische Bilder lesen und interpretieren zu können. Diese Arbeitsweise ist, von der Anforderung an die Schüler her gesehen, weit differenzierter, als das durch die im Vorsatz und auch in den Lehrplänen gebrauchte Formel zum Ausdruck gebracht werden kann.

Noch ein Wort zu den Auswahlkriterien erdkundlicher Bilder! An diese Aufgabe sollte der Lehrer jedesmal mit Sachverstand und großer Gewissenhaftigkeit herangehen. Die Fülle und die unterschiedliche Qualität des Angebots erfordern dies ebenso wie die methodische Absicht einer konzentrierten, zielorientierten und damit effektiven Bildbetrachtung. Bilder sollten den Einfluß des Menschen auf die Landschaft zeigen. Nicht auf die Darstellung von Einzelheiten kommt es an, sondern auf Funktionszusammenhänge geo-

---

37 Wocke, M. F.: Heimatkunde und Erdkunde. Hannover 1968[7], S. 88
38 Schnass/Gerbershagen: Der Erdkundeunterricht. Bad Godesberg 1952[3], S. 154

graphischer Erscheinungen. Die Bildaussagen müssen von exemplarischem Wert sein, also über die individuelle Raumwiedergabe Erkenntnisse vermitteln, die übertragbaren Charakter besitzen. Abzulehnen ist das „schöne Landschaftsbild im Ansichtskartenstil"[39], aber auch Bilder mit „sogenannten Sehenswürdigkeiten"[40]. Geographisch wertvolle Bilder vermitteln uns Informationen z. B. über die Terrassenkultur in Japan, über die Waldschutzstreifen in der Ukraine, über strip-farming in den USA, über Pipeline-Verlegung in der Libyschen Wüste, über den Braunkohlentagebau in der Ville oder über Verteilung und Anlage von Siedlungen in der Polderlandschaft der Niederlande.

Die Fähigkeit, mit Bildern umgehen zu können, sie also hinsichtlich ihres geographischen Aussagewertes richtig befragen zu können, sie sachgerecht beschreiben und nüchtern interpretieren zu können, bedarf der kontinuierlichen Einschulung und Ausentwicklung dieser Qualifikation von der Grundschulerdkunde an. Diese Feststellung wird allerdings unter einer bestimmten didaktischen Determinierung getroffen, da zwischen der Bildverwendung, genauer der didaktischen Funktion des Bildes in der Grundschule und in den nachfolgenden Schuljahren, ein nicht unerheblicher Unterschied besteht. In der Grundschule dient das geographische Bild mehr der Veranschaulichung fachspezifischer Erscheinungen und Prozesse, der Erläuterung von Kausalzusammenhängen; es erfüllt damit die Aufgabe eines Lehrmittels. In der Oberstufenerdkunde dagegen läßt sich das Bild als Arbeitsquelle für eine selbständige Erarbeitung neuer Einsichten und Kenntnisse einsetzen; das vom Lehrer ausgewählte, auf ein kognitives Lernziel hin abgestimmte geographische Bild wird in der Hand des Schülers zum echten Arbeitsmaterial, sofern er allerdings damit in sachgerechter Weise umzugehen versteht.

Bilder lesen und interpretieren kann in Zusammenarbeit mit dem Lehrer oder in Alleinarbeit erfolgen, es kann Arbeitsinhalt für die Sozialformen Partner- oder Gruppenarbeit sein,

---

[39] Wocke, M. F.: a. a. O., S. 94
[40] Wocke, M. F.: a. a. O., S. 94

wo durch kooperative Interaktion genauere und fundiertere Beschreibungs- und Interpretationsergebnisse erwartet werden können. Diese Verwendungsmöglichkeit verlangt aber in vielen Fällen gezielte Beobachtungsimpulse, die nicht verwechselt werden dürfen mit den vorgegebenen Bildunterschriften, die wir aus vielen Erdkundebüchern kennen. Steuernde Beobachtungsimpulse sind bisweilen deshalb erforderlich, weil die Fotografie alle Details wiedergibt, die den Schüler oftmals vom eigentlichen Aussageschwerpunkt ablenken.

Drei instrumentale Feinlernziele, die in mehrere Einzelqualifikationen aufzuschlüsseln sind, lassen sich aus dem gegebenen Grobziel ableiten.

Grobziel: Die Schüler sollen geographische Bilder mit Natur-Strukturen, Mensch-Natur-Strukturen und soziokulturellen Strukturen[41] lesen und interpretieren können.

Feinziele:
— Die Schüler sollen geographische Bilder ungefähr lagerichtig lokalisieren können.
— Die Schüler sollen geographische Bilder planmäßig betrachten und die Einzelinhalte sinnvoll ordnen können.
— Die Schüler sollen den Inhalt geographischer Bilder nach ihrem fachspezifischen Aussagewert interpretieren und deuten können.

Die Differenziertheit und Vielschichtigkeit der einfachen Formel für instrumentale Lernziele, mit geographischen Bildern umgehen zu können, wird erst durch eine tabellarische Zusammenstellung und Übersicht deutlich.

---

[41] Bei diesem instrumentalen Grobziel werden nur drei Kategoriengruppen von Schultze angeführt, da sich „Funktionale Strukturen" nicht durch Bilder darstellen lassen (höchstens durch Schaubilder unter Einbeziehung des Kartenbildes).
Schultze, A.: Allgemeine Geographie statt Länderkunde! In: Dreißig Texte zur Didaktik der Geographie. Braunschweig 1972, S. 230 ff.

Methodische Reihe		Ziel-fragen	Instrumentale Einzelqualifikationen
	Lokalisieren	wo + wann	1. Den Bildinhalt auf der Landkarte ungefähr lagerichtig lokalisieren können 2. Die Himmelsrichtung auf dem Bild festlegen können 3. Die Tages- bzw. Jahreszeit auf dem Bild ermitteln können
induktives Erforschen	planmäßiges Betrachten → sinnvolles Ordnen ← Registrieren	was + wie	4. Die Einzelinhalte des Bildes ‚lesen' können 5. Die typisch geographischen Aussagen des Bildes heraussuchen können 6. Den Darstellungsschwerpunkt im Bild erkennen können 7. Das Nebeneinander der Bildinhalte verbalisieren können 8. Das Nebeneinander der Bildinhalte gliedern und ordnen können
analytisches Denken	Interpretieren	warum + wozu	9. Die geographischen Bildaussagen deuten können 10. Die geographischen Bildaussagen in Beziehung setzen können 11. Anhand geographischer Bildaussagen Zusammenhänge erkennen können 12. Anhand geographischer Bildinhalte mögliche Entwicklungsprozesse ablesen können 13. Anhand verschiedener geographischer Bildinhalte Vergleiche anstellen können 14. Die aufgrund von Bildaussagen ermittelten Erkenntnisse übertragen können

Anhand dieser Übersicht über die instrumentalen Lernziele im Zusammenhang mit der Beschreibung und Interpretation geographischer Bilder können folgende Feststellungen getroffen werden:
— das vorliegende instrumentale Lernziel ist durch Differenzierung in Feinlernziele und Einzelqualifikationen aufzuschlüsseln.
— Wir müssen auch hier ein gewisses hierarchisches Organisationsprinzip berücksichtigen.
— Zwei Arbeits- bzw. Denkstrategien bilden die Voraussetzung für das sichere Erreichen dieses instrumentalen Lernziels.
— Die methodische Abfolge geht vom Lokalisieren über das Registrieren, das sowohl planmäßiges Betrachten als auch sinnvolles Ordnen verlangt, zum Interpretieren, was aber in jedem Fall die prüfende bzw. bestätigende Lehreraktivität erfordert.
— Zielfragen dienen der Erläuterung und Klärung der zu bewältigenden Arbeitsphasen.
— Die vorliegende Zusammenstellung versteht sich, da für diesen instrumentalen Lernzielbereich noch keine Grundlagen vorhanden sind, als Entwurf einer taxonomisch orientierten und organisierten Konzeption für Qualifikationen an bildhaften Arbeitsquellen.

Luftbilder besitzen hohe Faszinationskraft, sie motivieren in starkem Maße primär. Allerdings bedürfen sie in den meisten Fällen einer dosierten Unterstützung seitens des Lehrers bei deren unmittelbaren Konfrontation mit dem arbeitenden Schüler. Das für das beispielhafte Aufzeigen entsprechender Einzelqualifikationen ausgewählte Luftbild ist eine Satellitenaufnahme aus Gemini 4 und zeigt das Nildelta, das Rote Meer, die Halbinsel Sinai, den Golf von Akaba und den nordwestlichen Teil der arabischen Halbinsel (Quelle: Optische Werke Carl Zeiss, Aufnahme aus der Serie 1).

Folgende instrumentale Einzelqualifikationen, die vor allem gegen Ende zu stark kognitive Elemente aufweisen (instrumentale Qualifikationen als Mittel zur Kenntnis- und Erkenntniserweiterung), bieten sich bei diesem Bild zur Ausentfaltung an:

Lokalisieren können

— die großräumigen Bildinhalte Nildelta, Rotes Meer und Halbinsel Sinai aufgrund ihrer typischen Formen auf der Landkarte wiedererkennen und lokalisieren können;
— die nordwest-südöstliche Aufnahmerichtung durch Vergleich von Bild und Kartendarstellung ermitteln können;

Registrieren können

— die Geofaktoren Meer, Delta, Wüste, Flußlauf, Strandsee ermitteln können;
— die typische Form des Mündungsdeltas unter Zuhilfenahme der Vegetationsgrenze als Darstellungsschwerpunkt der Aufnahme erkennen können;
— die verschiedenen Geofaktoren anhand der Aufnahme beschreiben und gegenseitig abgrenzen können;

Interpretieren können

— die beiden Landvorsprünge (Mündungsnasen) als Hauptmündungsarme des Nils deuten können;
— den Entstehungsvorgang dieser Landvorsprünge vermuten können;
— die scharf begrenzte Vegetationsfläche als Zeichen für den Einfluß des Stromes interpretieren können;
— die Erscheinung Flußoase und Delta als Beobachtungsergebnis erfassen und deren typische Merkmale aufgrund der Aufnahme nennen können;
— die Phänomene Flußoase und Delta in anderen Daseinsbereichen wiedererkennen können;
— die Phänomene Flußoase und Delta auf andere Daseinsbereiche übertragen können.

V. Qualifikationen an sprachlichen Arbeitsquellen

Eine weitere Möglichkeit, Geo- und Soziofaktoren anschaulich und lebendig wiederzugeben, bieten uns die verschiedenen sprachlichen Darstellungsformen. Sie stehen gleichwertig neben den kartographischen und bildhaften Arbeitsquellen, allerdings mit der Einschränkung, daß „Texte gelegentlich etwas unanschaulicher als Bilder wirken"[42]. Bild und Text haben in der Schulerdkunde ihre didaktische Funktion in der Ergänzung und Verlebendigung der abstrakten Kartendarstellungen und helfen somit dem Schüler bei der Gewinnung von konkreten, der Wirklichkeit entsprechenden Raumvorstellungen. Geographische Sachtexte ermöglichen „eine Gesamtschau von der dinglichen Erfüllung eines Stükkes der Erdoberfläche in seinen für die Landschaft kennzeichnenden Erscheinungen"[43].

Zunächst sollten wir jene sprachlichen Darstellungsformen herausgreifen und kurz charakterisieren, mit denen die Schüler vorwiegend konfrontiert sind. Ein vergleichender Blick in verschiedene Erdkunde-Lehrbücher zeigt uns im wesentlichen drei typische Gestaltungsweisen.

Die wohl am häufigsten auftretende sprachliche Darstellungsform für geographische Erscheinungen und Tatsachen kann mit dem Terminus Bericht umschrieben werden. Dabei ist dem Inhalt nach eine weitere Unterscheidung zu treffen. Wir müssen auseinanderhalten, ob es sich bei einem Bericht um eine Beschreibung von Naturtatsachen und -vorgängen handelt, oder ob die Tätigkeit des Menschen in seinem Lebensraum sprachlich dargestellt wird. Die bestimmenden Merkmale eines Berichtes lassen sich durch Adjektiva wie sachlich, nüchtern, trocken, idiographisch erfassen. Wesentlicher als diese Kennzeichnung ist für das Bildungsbemühen in der Schulerdkunde die Tatsache, daß durch eine derartige

---
42 Schmidt, A.: a. a. O., S. 187
43 Wocke, M. F.: a. a. O., S. 100

Gestaltungsweise letztlich Ergebnisse und Lösungen vermittelt, meist vorweggenommen werden. Anders ausgedrückt: Berichte zeigen neben geographischen Faktoren Begründungen, Ursachen, Funktionszusammenhänge etc. auf und nehmen dadurch dem Schüler die Möglichkeit, selbst spontane Lösungsvermutungen im Sinne des entdeckenden, problemlösenden Denkens zu treffen. Der Bericht liefert geographische Fertigware, die der Schüler aufzunehmen und wiederzugeben hat. Geographisches Denken wird dabei weniger gefordert, eher das Kurzzeit-Memoriergedächtnis. Da wir aber mehr wollen als ein bloßes „Überstülpen von Wissen ... und Anhäufen von Stoffen"[44] wird diese sprachliche Darstellungsform in den Erdkundelehrbüchern immer mehr zurückgedrängt, obgleich sie stellenweise aus fachspezifischen wie aus pädagogischen Gesichtspunkten erforderlich sein kann.

Von der Form her haben wir als nächste sprachliche Darstellungsweise geographischer Faktoren und Erscheinungen die Schilderung zu charakterisieren. Man fand sie in den zurückliegenden zwei Jahrzehnten gleichwohl häufiger in den Lehrbüchern als heutzutage. Die Schilderung läßt sich mit Begriffen wie erlebnisbetont, einfühlend, gefühlsbetont, „vermenschlicht"[45] kennzeichnen. „R. Seyfert versteht unter Schilderung die künstlerisch sprachliche Darstellung der durchgeistigten Auffassung einer Landschaft, eine das kausale und das ästhetische Bedürfnis gleichmäßig befriedigende Darstellung"[46]. Bei Schilderungen tritt das Sachliche stärker in den Hintergrund zugunsten einer impressionistisch überhöhten Darstellung von landschaftlichen und soziokulturellen Erscheinungen. Dies ist der Grund, warum Schilderungen zur Anbahnung und Entwicklung der instrumentalen Qualifikation, „mit Sachtexten arbeiten können", wenig geeignet sind.

Schließlich kann als dritte sprachliche Darstellungsweise der sogenannte Quellentext genannt werden. Diese sprachliche Arbeitsquelle kommt unserem Bildungsbemühen in der

---
44 Siehe Anmerkung 12; Ernst, E.: a. a. O., S. 111 f.
45 Diesen Begriff verwendet Ebinger, H.: a. a. O., S. 20
46 Seyfert, R.: Die Landschaftsschilderung, ein fachwissenschaftliches und psychogenetisches Problem. Leipzig 1903. Zitiert bei Adelmann, J.: a. a. O., S. 130

Schulerdkunde am nächsten, weil sie in optimaler Weise das selbständige Handeln und Denken am geographischen Objekt, besser am Objektersatz, erlaubt. Das Schulbuch der Gegenwart und Zukunft sollte daher den Charakter einer „nach kognitiven Feinlernzielen geordneten Materialsammlung"[47] tragen, wodurch dann instrumentale Lernziele zwangsläufig aktualisiert werden. Das verlangt die Aufnahme von geographischen Textquellen in Form von Zeitungsberichten, Reisebeschreibungen, Interviews von Naturereignissen etc., die einerseits durch ihre Wirklichkeitsnähe motivieren, andererseits zur Anwendung fachspezifischer Fertigkeiten zwingen. Wocke bezeichnet diese Arbeitsquellen als ‚echte Sachtexte' und fordert mit Nachdruck anstelle der beschreibend-erklärenden Texte die Aufnahme von „geographischen Rohstoffen, die noch nicht in irgendeinem Sinne ‚veredelt' sind"[48] in die Lehrbücher. Mit Hilfe entsprechender facheigener Arbeitsweisen und Fertigkeiten, die in den Lehrplänen meist pauschal mit der Formel, mit geographischen Sachtexten arbeiten können, umschrieben werden, kann „das erdkundliche Wissen von den Schülern in einer ‚originalen Begegnung' selbständig erworben werden"[49]. Dieses selbständige Entdecken und Finden neuer Einsichten, Begründungen und Funktionszusammenhänge wird jedoch erst dann sinnvoll und zuverlässig zu leisten sein, wenn obendrein entsprechende Bearbeitungshinweise, Denkimpulse oder gezielte Arbeitsaufträge gegeben werden. Wir können deshalb Wocke nicht zustimmen, wenn er formuliert: „Vielleicht sollten diese Arbeitsbücher nicht einmal Fragen enthalten, sondern in der Auswahl des Quellenmaterials dazu führen, daß die Schüler gedrängt werden, recht viele Fragen selbst zu stellen"[50]. Das würde sicherlich das Leistungsvermögen unserer Grund- und Hauptschüler übersteigen, dürfte dagegen aber für den Geographieunterricht in Realschulen und Gymnasien relevant sein. Sinnvoller, weil stufenbezogener, erscheint demgegenüber die Feststellung, daß

---

47 Ernst, E.: a. a. O., S. 112
48 Wocke, M. F.: a. a. O., S. 101
49 Wocke, M. F.: a. a. O., S. 102
50 Wocke, M. F.: a. a. O., S. 102

„Schüler ihrem Verständnis angemessene Anleitungen brauchen", damit sie den „sachlichen Texten ihres Lehrbuches Fakten entnehmen"[51] können.

Neben den Sachtexten in den Erdkundebüchern stehen für den unterrichtlichen Gebrauch noch andere sprachliche Informationsquellen zur Verfügung. Man denke nur an einschlägige Berichte und Dokumentationen in Zeitungen und Zeitschriften oder an die von mehreren Verlagen angebotenen geographischen Quellenhefte[52]. Solche Materialien müssen nach bestimmten Kriterien sorgfältig ausgewählt werden und haben verschiedene Kennzeichen aufzuweisen: anschaulich und inhaltlich ergiebig, sachrichtig und gegenwartsnah, vom Inhalt her kindgemäß und von der Sprache her verständlich formuliert und schließlich dem Erreichen des anstehenden kognitiven Lernziels dienlich. Erst dann können die Schüler zuverlässig das „erarbeitende Lesen"[53] sprachlicher Informationsquellen erlernen und entwickeln und damit selbständig zu neuen fachspezifischen Einsichten gelangen.

Für die Arbeit am „sprachlich gefaßten Gegenstand" bietet uns neben vielen anderen Autoren Otto Scheibner[54], der Pragmatiker unter den Vertretern des Arbeitsschulgedankens, recht brauchbare Vorschläge an. Er verweist darauf, daß sich die Bearbeitung eines Sachtextes zum Zwecke der Gewinnung neuer Kenntnisse und Einsichten in verschiedenen Teilschritten zu vollziehen hat: Lesen des Textes in seiner Ganzheit — Lesen und reflektieren über den Informationsgehalt der einzelnen Abschnitte — Herausstellen unverstandener Begriffe und Zusammenhänge — Gliedern des Ganzen in Teilganze — Aufsuchen des Kerngedankens — Festhalten des Wesentlichen. Grundsätzlich gilt hier wie bei

---

51 Hanisch, M.: Länder in Westafrika. In: Geographische Rundschau, Braunschweig 1972, Beiheft 2, S. 15
52 Quellenhefte werden u. a. angeboten: Hirschgraben Lesereihe, Frankfurt; Kletts erdkundliche Quellenhefte, Stuttgart; Oldenbourgs Lesestoffe für den Erdkundeunterricht, München; Schöninghs erdkundliche Lesebogen, Paderborn
53 Diesen Terminus verwendet Adelmann, J.: a. a. O.
54 Scheibner, O.: Zwanzig Jahre Arbeitsschule in Idee und Gestaltung. Jena 1930

den anderen instrumentalen Lernzielen die Forderung, daß diese Fertigkeiten bereits in der Grundschulerdkunde anzubahnen sind[55]. Dieses Postulat finden wir im Lehrplanentwurf für die Erdkunde in der Grundschule nicht. In den Vorbemerkungen für die Orientierungsstufe lesen wir, daß die Schüler in der Lage sein sollen, „Texte ... auszuwerten"[56], was fast wörtlich übereinstimmt mit den entsprechenden Hinweisen im Erdkundelehrplan für die Hauptschule.

Um das Grobziel, mit geographischen Sachtexten arbeiten können, im Unterricht zu aktualisieren, ist eine weitere Differenzierung in Feinziele erforderlich, wobei dann die notwendigen Teilschritte operational dargestellt werden können. In den meisten Fällen wird es sich als zweckmäßig erweisen, wenn mit gezielten Arbeitsimpulsen auf den oder die jeweils erforderlichen Teilschritte hingewiesen wird, da nicht immer die komplette methodische Reihe durchlaufen werden muß. Es ist denkbar, daß z. B. nur Begriffe wie Steilküste, Flöz, Regenzeit oder die Ursachen der soil-erosion zu erläutern, bzw. zu eruieren sind; dies aber verlangt nicht immer die Berücksichtigung aller Teilschritte.

Wir unterscheiden also auch hier Grob- und Feinziele; letztere wurden in einer methodischen Reihe angeordnet, die nach dem Schwierigkeitsgrad der einzelnen Feinlernziele organisiert ist. Je nach unterrichtlicher Intention können einzelne Feinziele herausgegriffen oder aber auch die gesamte methodische Reihe in Anspruch genommen werden.

Für unsere Schulerdkunde ergibt sich demnach folgendes Bild für das zur Diskussion stehende instrumentale Lernziel:

Grobziel	
Die Schüler sollen geographische Sachtexte auswerten können	
Feinziele	Teilschritte
Die Schüler sollen einen geographischen Sachtext in seiner Ganzheit erlesen können	Stufe der Motivation

---

55 Vgl. Karnicki, M.: Mein Heimatort. Weinheim 1965!
56 Schulreform in Bayern, a. a. O., S. 162 und 248

Die Schüler sollen die Informationsaussagen eines geographischen Sachtextes auf der Landkarte richtig lokalisieren können	Stufe der Lokalisation
Die Schüler sollen in geographischen Sachtexten aufscheinende unbekannte Begriffe und nicht verstandene Zusammenhänge unter Verwendung anderer Hilfsmittel[57] erläutern können	Stufe der Klärung
Die Schüler sollen einen geographischen Sachtext durch Formulierung von Teilüberschriften oder durch Einzelskizzen gliedern können.	Stufe der Gliederung
Die Schüler sollen den Kerngedanken eines geographischen Sachtextes erfassen und verbalisieren können	Stufe der Konzentration
Die Schüler sollen den Informationsgehalt eines geographischen Sachtextes durch eine Stichwortreihe oder eine durchformulierte Zusammenfassung oder in Form einer Skizze festhalten können	Stufe der Verdichtung

Die verschiedenen instrumentalen Feinziele sind durch stetes Üben zu erreichen, wozu sich besonders kooperative Arbeitsformen eignen. Die bei den einzelnen Teilschritten erforderlichen klärenden Arbeitsgespräche, die natürlich auch unter Mithilfe des Lehrers erfolgen können, erleichtern die Bearbeitung eines geographischen Sachtextes und fördern gleichzeitig das sichere Erreichen des kognitiven Lernziels. Zur besonderen Aufgabe des Lehrers wird die Auswahl und die regelmäßige Berücksichtigung sprachlicher Arbeitsquellen als Übungsfelder zur Anbahnung und Entwicklung instrumentaler Qualifikationen.

Im folgenden werden nun anhand eines geographischen Sachtextes instrumentale Einzelqualifikationen nach der zur Diskussion gestellten Ordnungsstruktur beispielhaft aufgeführt (Quelle: Wellenhofer, W.: Auf den Friesischen Inseln,

---

57 Atlanten, Nachschlagewerke; Wellenhofer, W.: Erläuterungen erdkundlicher Grundbegriffe für die Hauptschule. München 1972

in: Erdkunde, 6. Schuljahr [Hausmann/Müller, Hrsg.], München 1974², S. 78).

Sachtext

„Die Ostfriesischen Inseln liegen wie auf einer Kette aufgereiht vor der Küste. Sie sind den vorherrschenden Westwinden und der starken Gezeitenströmung ausgesetzt. Diese beiden Naturkräfte ‚verschieben' die Sandinseln in west-östlicher Richtung; das heißt, Wind und Wasser nehmen an der Westseite der Inseln Sand weg und lagern ihn an der Ostseite wieder ab.
Diese ‚Wanderung' versuchen natürlich die Inselbewohner aufzuhalten. Sie bepflanzen die Dünen mit Strandhafer, der die unzähligen feinen Sandkörner mit seinen Wurzeln zusammenhält. Die westlichen Küstenteile werden zudem durch Strandmauern geschützt. Außerdem baut man noch zusätzlich Buhnen (= Steindämme) mehrere hundert Meter weit ins Meer hinaus, um die Kraft des Flutstromes zu brechen."

Instrumentale Einzelqualifikationen

Stufe der Motivation:

— die Zielsetzung des vorliegenden Sachtextes nach dem Erlesen durch Erfassen der beiden Darstellungsschwerpunkte, Bedrohung und Inselbefestigung, erkennen können;

Stufe der Lokalisation

— die Ostfriesischen Sandinseln auf der Landkarte mit Hilfe des Registers selbständig finden und die Namen der zu dieser Gruppe zählenden Inseln ermitteln können;

Stufe der Klärung

— die Begriffe Westwinde, Gezeitenströmung, Flußstrom, Düne auf der Grundlage der vor dieser Unterrichtseinheit erarbeiteten Unterrichtsergebnisse erläutern können,
— den Vorgang der West-Ost-Verschiebung erklären können,
— zwei Maßnahmen zur Sandbefestigung nennen können;

Stufe der Gliederung

— Ursachen und Gefahren einerseits und Maßnahmen zur Inselbefestigung andererseits mittels einer Tabelle detailliert erfassen können;

Stufe der Konzentration

— die Aktivitäten der Menschen bei der Auseinandersetzung mit Naturfaktoren als notwendige und sinnvolle Arbeitsleistung zur Sicherung dieses Lebensraumes erkennen und verbalisieren können;

Stufe der Verdichtung

— den vorliegenden Sachtext durch eine Stichwortreihe, in der die wesentlichen Kriterien enthalten sind, fixieren können;

VI. Qualifikationen an statistischen Arbeitsquellen

Tabellen, Statistiken und graphische Darstellungen dienen der Erläuterung geographischer Erscheinungen ebenso, wie sie selbst zu neuen Erkenntnisquellen werden. Sie sollten deshalb Bestandteile in jedem Erdkundebuch sein, wobei ihre didaktische Funktion eindeutig feststellbar ist. Zahlenmaterial, ob in Form von Tabellen oder Diagrammen, darf nicht der bloßen Illustration oder der Ergänzung von erklärend-beschreibenden Äußerungen wegen Aufnahme in die Lehrbücher finden. Es muß vielmehr als Arbeitsquelle für neue, vom Schüler möglichst selbständig zu gewinnende geographische Kenntnisse und Einsichten dienen. Dies erfordert aber die geplante und konzentrierte Einschulung und Entwicklung fachspezifischer instrumentaler Qualifikationen.

Zahlen selbst sind, nebeneinander gestellt, für die Schüler abstrakt und recht inhaltsarm. Sie werden erst zu lebendigen, aussagekräftigen Informationsquellen, wenn sie, ebenso wie auch Atlas und Karte, entsprechend veranschaulicht werden. Dazu stehen verschiedene Möglichkeiten zur Verfügung: die unterschiedlichen Formen der grafischen Darstellung, der Denkimpulse vermittelnde Sachtext, das einen unmittelbaren Eindruck schaffende Bild, die Landkarte, die das lagerichtige Lokalisieren erlaubt und schließlich diverse Vergleichswerte. Besonders die zuletzt aufgeführte Möglichkeit sollte als Veranschaulichungsform häufiger im Unterricht gesucht werden. Die Angabe des Energieverbrauchs im Jahre 1970 in der BRD mit etwa 5,50 t SKE pro Kopf der Bevölkerung sagt wenig aus; wenn wir als Vergleichswert die 5,20 t SKE von Großbritannien anführen, wird der Stand der Industrialisierung beider Länder bewertet; staunen, denken und fragen wird der Schüler allerdings dann, wenn er vom Energieverbrauch mit 12,0 t SKE pro Kopf der Bevölkerung des kleinen Landes Kuwait erfährt. Ähnliche Beispiele für die Aussagekraft von Vergleichswerten ließen sich anführen: durchschnittlicher Kalorienverbrauch je Tag und Einwohner in der BRD 2960, in Indien 1810; oder: Hektarerträge an Weizen 1970 BRD 40,2 dz, USA 20,6 dz. Diese Beispiele zeigen uns aber noch etwas anderes. Bei den vorliegenden Zahlen handelt es sich um sog. relative Werte, im Gegensatz zu den absoluten, die die Länge von Flüssen, die Niederschlagsmenge oder die höchste Erhebung eines Gebirges angeben. Sie sind weniger Denkzahlen als leicht nachschlagbare Merkzahlen, die ohnehin „als Gedächtnisballast rasch wieder vergessen werden"[58]. Relative Zahlen sind bereits ‚veredelt', sie sind in Prozentwerte umgerechnet oder wie bei unserem Beispiel mit Bezugsgrößen — wie pro Kopf der Bevölkerung, dz/ha, Tag/Einwohner — verknüpft. Dadurch kann „Statistik zu sprechenden Zahlen, die sehr lebendige und eindrückliche Aussagen vermitteln"[59] werden; und Schmidt fordert weiter, daß relative Zahlen noch zusätzlich „durch den Vergleich mit bekannten Größen, also mit solchen der Heimat"[60] veranschaulicht werden. Wir dürfen mit Adelmann grundsätzlich feststellen: „Alleinstehende Zahlen haben wenig bildenden und praktischen Wert"[61]. Sie bedürfen der Veranschaulichung durch Lokalisation, Vergleichswerte und Bezugsgrößen.

Besondere Aufmerksamkeit ist dem Aktualitätsstand der statistischen Arbeitsquelle zu widmen. Gerade Produktions-, Verbrauchs-, Transport-, Handelsziffern etc. veralten schnell. Deshalb sollten sie stets überprüft und gegebenenfalls korrigiert werden, da sonst unter Umständen Erkenntnisprozesse auf ungenauen oder überholten Fakten aufgebaut werden. Dem Unterrichtspraktiker stehen dafür relativ preisgünstige Taschenbücher[62], die im Ein- oder Zweijahresrhythmus erscheinen, zur Verfügung.

---

[58] Adelmann, J.: a. a. O., S. 123
[59] Wocke, M. F.: a. a. O., S. 105
[60] Schmidt, A.: a. a. O., S. 189
[61] Adelmann, J.: a. a. O., S. 123
[62] Zur Überprüfung und Ergänzung des statistischen Quellenmaterials sind folgende Taschenbücher geeignet: Der Fischer Weltalmanach, Fischer Taschenbuch Verlag, Frankfurt, erscheint jährlich; Die Welt in Zahlen, List Verlag, München, erscheint zweijährlich; Die Wirtschaft 1972, dtv, München 1972

Statistisches Material kann als Arbeitsquelle und Übungsfeld für instrumentale Lernziele auch in Form von grafischen Darstellungen gegeben sein. Diese Art der Zahlendarstellung kommt dem an Anschauungen gebundenen Denken der meisten Schüler mehr entgegen und sollte daher im Unterricht Vorrang haben. Man unterscheidet bei der zeichnerischen Umsetzung von Zahlenmaterial im wesentlichen Linien-, Säulen- und Kreisdarstellungen, die einmal durch die Angabe des Maßstabes das Ablesen der Ausgangswerte erlauben, zum anderen durch ihren bildhaften Charakter die gegebenen Größenverhältnisse dem Schüler anschaulicher vermitteln können als dies durch tabellarische Formen möglich ist. Das relativ Konkrete, das Anschauliche und in gewissem Maße Dynamische solcher Darstellungsformen motiviert und interessiert den Schüler weit mehr als exakt nebeneinander aufgereihte Zahlenwerte.

Die grafischen Darstellungen haben wir nach ihrem Konkretionsniveau in Schaubilder und in Diagramme zu unterscheiden. Die gegenständlich und damit relativ konkreten Schaubilder versinnbildlichen Zahlenwerte durch figürliche Gebilde wie verschieden große Säcke, Fässer, Eisenbahnwaggons für unterschiedlich hohe Produktions- bzw. Fördermengen, „wobei die Figuren oder Gegenstände in einem der darzustellenden Menge entsprechenden Größenverhältnis gezeichnet sind"[63]. Eine diesen figürlichen Gebilden unterlegte Kartenskizze erlaubt und erleichtert obendrein die Lokalisation. Schaubilder geben die ihnen zugrunde liegenden Zahlenwerte nicht mathematisch exakt wieder, sie zeigen aber dennoch die tatsächlich gegebenen Größenrelationen auf und sind daher eine echte Arbeitsquelle für das selbständige Erarbeiten neuer geographischer Einsichten. Mathematisch genau ist dagegen die grafische Umsetzung von Zahlenmaterial in Diagramme. Dies gewährleistet der zugrunde liegende Maßstab. Bei Diagrammen handelt es sich um rein geometrische Formen, die keine Assoziation mit den durch sie symbolisierten Faktoren erlauben. Deshalb sind Diagramme weniger anschaulich und konkret als Schaubilder, was uns zur Feststel-

---

[63] Adelmann, J.: a. a. O., S. 125

lung veranlaßt, daß sie erst nach einer gewissen Arbeitsperiode mit Schaubildern als Arbeitsquelle und Übungsfeld im Unterricht eingesetzt werden sollten.

Worin liegt nun die didaktische Intention und die unterrichtliche Bedeutung von Zahlen bzw. von grafischen Darstellungen für unsere Schulerdkunde? Absolute, besser relative Zahlen geben ja nicht nur z. B. die jährliche Produktionsmenge von Stahl in der BRD, die Ernteerträge von Weizen in der SU, die Stromerzeugung durch Wasserkraftwerke in Österreich und in der BRD wieder. Hinter diesen Zahlen steckt jeweils eine ganz wesentliche geographische Substanz: der Grad der Industrialisierung, die Bodenbonität und die Bearbeitungsformen, Temperatur- und Niederschlagsschwankungen u. a. m. Zahlen geben uns Einblick in die natürliche Ausstattung des Zuordnungsraumes, bisweilen können sie uns auch über Lebensbedingungen und Arbeitsformen der dort wirtschaftenden Menschen informieren. Dies ist ein wesentlicher didaktischer Aspekt: Wir dürfen nie bei der Verwendung von Zahlenmaterial, gleich in welcher Form, beim mehr mechanischen Tun des tabellarischen Ordnens und Gliederns und des zeichnerischen Umsetzens in geometrische oder figürliche Formen stehen bleiben. Wir müssen immer bestrebt sein, hinter die Zahlen zu blicken, diese auf ihren Zuordnungsraum zu relativieren; erst dann erfüllen wir die Forderung, einfaches Zahlenmaterial „zu lesen und auszuwerten". Grundsätzlich gilt also: Jede in der Schulerdkunde aufscheinende Zahl hat ihre geographische Bedingtheit. Sie zu eruieren, Verbindungen, Abhängigkeiten, Funktionsbezüge herzustellen und zu finden, ist das eigentliche Ziel einer Verwendung von Zahlenmaterial in der Schulerdkunde.

Nach der gegenwärtig als richtig angesehenen didaktischen Konzeption haben Zahlen nicht die Aufgabe, gleichsam zur Illustration oder als Beweismittel zu dienen; sie sind vielmehr Arbeitsquellen und Übungsfelder, sofern entsprechende instrumentale Qualifikationen beim Schüler eingeschult sind. Zum Zwecke des selbständigen Forschens und Findens neuer fachspezifischer Einsichten und Kenntnisse muß der Schüler mit dem hier erforderlichen und zur Verfügung stehenden Instrumentarium sach- und fachgerecht umgehen können.

Um welche Arbeitsweisen es sich hier handelt, zeigen die wieder nur recht pauschal und ungenau formulierten Hinweise (Worin besteht der Unterschied zwischen „Zeichnen von Schaubildern" und „Erstellen von Schaubildern"? Vorbemerkungen Grundschulerdkunde) im bayerischen Lehrplanentwurf[64] für die Erdkunde der einzelnen Stufen. Hier werden verlangt:

Grundschule: „Zeichnen von ... Schaubildern; das Lesen und Erstellen einfacher Tabellen und Schaubilder mit Vergleichswerten"

Orientierungsstufe: „... Beherrschung zeichnerischer Darstellungsmethoden. Die Schüler müssen lernen ... Tabellen auszuwerten."

Hauptschule: „... Tabellen und graphische Darstellungen erstellt, Diagramme und Statistiken gelesen."

Soweit die nicht sehr umfangreichen zielorientierten Ausführungen in den Vorbemerkungen. Um nun die instrumentale Qualifikation, mit erdkundlichen Zahlen arbeiten können, in den Griff zu bekommen, müssen wir zunächst zwei Grobziele unterscheiden, die zwei unerläßliche, aufeinander aufbauende Fertigkeiten repräsentieren: „erstellen können" und „auswerten können". Der oft verwendete Begriff „lesen können" ist inhaltlich mit der aussagekräftigeren Bezeichnung „auswerten können" gleichzusetzen.

Diese beiden Grobziele, mit den entsprechenden sachinhaltlichen Vereinfachungen bereits für die Grundschulerdkunde relevant, bilden die Basis für die hierarchisch organisierten instrumentalen Feinziele.

Die beiden, dieses Übungsfeld determinierenden Qualifikationen sind hinsichtlich ihrer Lebensbedeutsamkeit zu werten. Im beruflichen wie im privaten Leben wird dem Schüler wohl nur in Ausnahmefällen die Anfertigung von Tabellen

---

[64] Schulreform in Bayern: a. a. O., S. 57, 162, 248

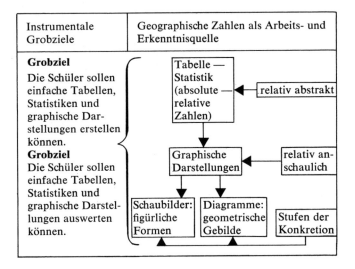

und grafischen Darstellungen abverlangt werden. Dagegen wird er viel häufiger mit vorgegebenen Tabellen und grafischen Darstellungsformen konfrontiert, wenn man dabei nur an die verschiedenartigen Wirtschaftsberichte denkt, die heutzutage in fast allen Zeitungen und Zeitschriften zu finden sind. Wir müssen aus diesen Überlegungen unseren Arbeitsschwerpunkt auf die Ausentfaltung der Fähigkeit „auswerten können" legen. Dies fand Berücksichtigung bei der folgenden nach Feinzielen differenzierten Organisationsstruktur der hier zur Erörterung stehenden instrumentalen Qualifikationen.

Grobziel	*Grobziel*
Die Schüler sollen einfache Tabellen, Statistiken und graphische Darstellungen erstellen können	Die Schüler sollen vorhandene oder selbst erstellte einfache Tabellen, Statistiken und graphische Darstellungen auswerten können.

Feinziele

1. Die Schüler sollen vorhandenes Zahlenmaterial auf der Landkarte lagerichtig zuordnen können.
2. Die Schüler sollen vorhandenes Zahlenmaterial sinnvoll tabellarisch ordnen können.
3. Die Schüler sollen vorhandenes Zahlenmaterial in einfache grafische Darstellungen umsetzen können.

Feinziele

4. Die Schüler sollen anhand von einfachen Tabellen, Statistiken und grafischen Darstellungen Maximal-, Minimal- und Durchschnittswerte ermitteln können.
5. Die Schüler sollen anhand von einfachen Tabellen, Statistiken und grafischen Darstellungen Entwicklungsprozesse ablesen und verbalisieren können.
6. Die Schüler sollen anhand von einfachen Tabellen, Statistiken und grafischen Darstellungen Funktionszusammenhänge ablesen und verbalisieren können.
7. Die Schüler sollen tabellarische, statistische und grafische Darstellungsaussagen mit den physischen Gegebenheiten des Zuordnungsraumes in

| | Beziehung setzen und daraus Schlußfolgerungen ableiten können. |
| | 8. Die Schüler sollen tabellarische, statistische und grafische Darstellungsaussagen mit bekannten Größen und Grundmaßen des näheren Raumbereiches vergleichen können. |

Nachfolgend werden mittels einer Vergleichstabelle (Quelle: Der Fischer Weltalmanach '74, Frankfurt 1973, S. 299 und S. 317) instrumentale Einzelqualifikationen nach der vorgeschlagenen Reihenstruktur beispielhaft aufgeführt. Es sei noch darauf hingewiesen, daß die Qualifikation 5, erkennen von Entwicklungsprozessen, bei diesem Beispiel nicht aktualisierbar ist, weiterhin, daß der Qualifikation 8, vergleichen mit Grundgrößen des näheren Raumbereiches, nur in relativ eng begrenzten Gebieten (Ruhrgebiet, Salzgitter) sinnvoll entsprochen werden kann.

Zahlen als Arbeits- und Erkenntnisquelle

1972	Eisenerzförderung	Rohstahlproduktion
BRD	5 Mio. t	44 Mio. t
UdSSR	207 Mio. t	126 Mio. t
USA	77 Mio. t	124 Mio. t
Japan	2 Mio. t	97 Mio. t
Schweden	33 Mio. t	5 Mio. t
Frankreich	54 Mio. t	24 Mio. t

Die Schüler sollen einfache Tabellen, Statistiken und grafische Darstellungen erstellen können.

Die Schüler sollen vorhandene oder selbst erstellte Tabellen, Statistiken und grafische Darstellungen auswerten können.

1. — mit Hilfe der Atlaskarten die Lage der in der Tabelle aufgeführten eisenerzfördernden und rohstahlproduzierenden Länder bestimmen können,
2. — anhand des Zahlenmaterials je eine Rangfolge für die eisenerzfördernden und rohstahlerzeugenden Länder erstellen können,
3. — das tabellarisch vorgegebene Zahlenmaterial durch ein einfaches Säulendiagramm darstellen können (1 Mio. t = 1 mm Säulenhöhe),
4. — die Anteile der in der Tabelle aufgeführten Länder an der Weltförderung von Eisenerz und an der Welterzeugung von Rohstahl ermitteln können,
5. — für drei aufgeführte Länder jeweils nach Vergleich ihrer Anteile bei der Eisenerzförderung und Rohstahlproduktion die Notwendigkeit zum Teil recht hoher Rohstoffimporte ableiten können,
6. — aus den angeführten Zahlenwerten die Bedeutung und Stellung der rohstoffreichen Länder erkennen und in Beziehung setzen können zu den Schwierigkeiten der rohstoffabhängigen stahlproduzierenden Staaten.

VII. Die „originale Begegnung" als Übungsfeld instrumentaler Qualifikationen

Die „originale Begegnung" mit der realen Wirklichkeit eines Landschaftsausschnittes oder eines anthropogeographisch determinierten Feldes verlangt vom einzelnen Schüler die Beherrschung verschiedener pragmatischer Fähigkeiten. Zu Beginn dieses Abschnittes sei zunächst nur die bisweilen zitierte methodische Reihe[65] beobachten — registrieren — auswerten — deuten erwähnt. Diese ist zwangsläufig noch durch die Fähigkeit „befragen können" zu ergänzen, da bei der direkten Begegnung mit geographischen Erscheinungen, Tatsachen und Prozessen vielfach bei den hier handelnden und wirkenden Menschen über ihre diversen Intentionen, Überlegungen und Arbeitsabläufe Erkundigungen einzuziehen sind.

1. Didaktische Kriterien

Den Terminus „originale Begegnung" aktualisierte Heinrich Roth[66]; der ihn gleichwohl nicht fachspezifisch, sondern vielmehr im Sinne eines überfachlichen Arbeits- bzw. Unterrichtsprinzips verstanden wissen will. Darüber hinaus finden wir in der didaktischen Literatur synonyme Begriffe wie Begegnung vor Ort, unmittelbare Anschauung, direkte Begegnung und neuerdings öfter auch fieldwork. Realisieren werden wir diesen Grundsatz bei den erdkundlichen Lehrwanderungen und Exkursionen. Es geht hier um die direkte Begegnung des Schülers mit einem ausgewählten Gegenstand von Bildungswert bzw. mit Lernpotential[67] innerhalb seiner

---

65 Vgl.: Ernst, E.: a. a. O., S. 189 ff.!
66 Roth, H.: Die originale Begegnung als methodisches Prinzip. In: Roth, H.: Päd. Psychologie des Lehrens und Lernens. Hannover 1969[11], S. 109—118
67 Der Begriff Lernpotential wird innerhalb des lerntheoretischen Modells von den Berliner Didaktikern Heimann/Schulz verwendet und umfaßt im wesentlichen den sog. Bildungsgehalt der Bildungsinhalte, wie ihn die Vertreter der bildungstheoretischen Orientierung der Didaktik verstehen (Derbolav, Klafki, Weniger u. a.).

natürlichen Umwelt; dabei soll einerseits das Objekt der „originalen Begegnung" selbst „fraglich" sein, um im Schüler eine gewisse, nach Beantwortung drängende Fragehaltung hervorzurufen, andererseits sollte der ausgewählte, motivierende Gegenstand im Schüler analytische Denkstrategien im Sinne intellektueller Operationen initiieren. Hier scheint nun wieder als Projektions- und Reduktionsfaktor der didaktischen Reflexionen und des methodischen Gestaltens das an die unmittelbare Anschauung gebundene Denken der Elementarschüler bis zum 11./12. Lebensjahr auf.

Die quantitative Interdependenz zwischen Sach- und Subjektkomponente[68] und die steigende Bedeutung der ersteren mit zunehmendem Alter der Schüler veranlassen uns als Erzieher, moderner ausgedrückt als Organisatoren von Lernprozessen, die Eigeninitiative zugunsten der sich mehr entfaltenden Schüleraktivität stärker zu reduzieren. Dieser im Laufe der Schulzeit sich intensivierende Schüler-Gegenstandsbezug verlangt aber gerade bei der „originalen Begegnung" Einschulung und fachgerechte Anwendung adäquater Fähigkeiten im Bereich der instrumentalen Lernzieldimension und zwar im wortwörtlichen Sinne zur Bewältigung des anstehenden Umweltausschnittes.

Aus der Feststellung F. Kopps „Haupterprobungsgebiet der Selbständigkeit ist die der unmittelbaren Wahrnehmung und Beobachtung zugängliche äußere Wirklichkeit"[69] läßt sich das Abhängigkeitsverhältnis der hier präsenten und entscheidenden Faktoren Selbständigkeit — instrumentale Fähigkeit — Umweltbewältigung logisch zwingend entwickeln. Die aufgezeigten fünf Kriterien bilden einen geschlossenen Kreis und lassen sich aufgrund des vorhandenen Binnenbezugs folgendermaßen darstellen:

---

68 Siehe Roth, A.: Die Elemente der Unterrichtsmethode. München 1969², S. 26
69 Vgl. Kopp, F.: Didaktik in Leitgedanken. Donauwörth 1970³, S. 142

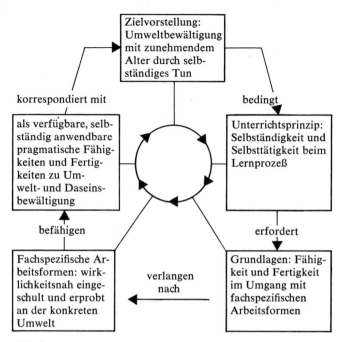

Abb. 6

Schließlich verweist uns eine Aussage K. Mohrs[70] auf den Wert der Anschauung bei der direkten Begegnung des Kindes mit einem Landschaftselement und/oder dem in einer bestimmten Raumeinheit tätigen Menschen. „Dadurch gelingt es, das Interesse der Schüler stärker an die Sache zu binden und damit die Lernbereitschaft zu erhöhen, die Einsicht in einen Zusammenhang vorzubereiten und zu vertiefen und schließlich eine starke Förderung des Behaltens zu erzielen"[71]. Gleichsam zur Bestätigung dieser seiner Aussage zeigt Mohr interessante Untersuchungsergebnisse von Düker/Tausch[72] aus dem Jahre 1957 auf. Hier wurde die Bedeutung

---

70 Mohr, K.: Methodische Gestaltung des Unterrichts. München 1966²
71 Mohr, K.: a. a. O., S. 71
72 zit. bei Mohr, K., a. a. O., S. 72 ff.
  Düker/Tausch: Über die Wirkung der Veranschaulichung von Unterrichtsstoffen auf das Behalten. In: Zt. für exp. und angew. Psychologie 1957/IV, S. 348 ff.

der direkten Anschauung bildungsrelevanter Inhalte auf die Behaltensleistung empirisch untersucht, wobei verschiedene Grundformen der Veranschaulichung den Ausgangspunkt bildeten: akustische Inhaltsübermittlung, Darbietung durch bildliche Darstellung des Gegenstandes, Darbietung eines naturgetreuen Modells, Darbietung des realen Gegenstandes, was wir mit „originaler Begegnung" gleichsetzen können. Düker/Tausch entdeckten dabei hinsichtlich der Behaltensleistung erstaunliche Fakten, die eigentlich jeden Erdkundelehrer veranlassen müßten, Begegnungen vor Ort häufiger als bisher zu praktizieren.

Die nachfolgend sehr vereinfacht dargestellten Untersuchungsergebnisse weisen Prozentwerte auf, die sich immer auf die Ausgangsgruppe „Veranschaulichung Ton" beziehen; dabei zeigt sich, daß die Behaltensleistung um fast ein Drittel höher sein kann, wenn eine direkte Begegnung Schüler — Gegenstand erfolgt.

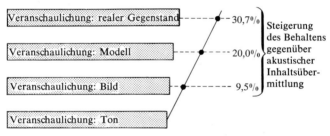

Abb. 7

Wenn wir bis hierher weitgehend die „originale Begegnung" als allgemeingültiges didaktisches Prinzip betrachteten, so finden wir bei M. Wagenschein[73] den gezielten, fachspezifischen Hinweis auf unsere Schulerdkunde; in ihr sieht er den Verwirklichungsgrund fachwissenschaftlicher, d. h. geographischer Methoden. Diese Methoden sind zum Teil gebunden an die verständnisvolle Verwendung fachtypischer Arbeitsgeräte, wie Meßtischblatt, Kompaß, Meßgeräte etc. Sie verlangen insbesondere aber nach Beherrschung adäquater

---

73 Wagenschein, M.: Das exemplarische Lehren. Hamburg 1958

Qualifikationen, um die geographischen Gegebenheiten analysierend zu beobachten, die Einzelfaktoren nach ihren Funktionen zu erfassen, gegebene Kausalgefüge hinreichend zu erkennen, Erscheinungen sach- und fachgerecht zu deuten und zu erklären.

2. Geographisch relevante Inhalte

Die nächste Frage, die in diesem Zusammenhang zur Klärung ansteht, gilt dem Wo; das heißt, wo ist innerhalb der Schulerdkunde die „originale Begegnung" einerseits als Erkenntnisquelle und andererseits als Übungsfeld noch spezifisch aufzuzeigender instrumentaler Qualifikationen sinnvoll möglich? Zwei Aspekte, die zur Verfügung stehende Unterrichtszeit und der jeweilige Standort der Schule, sollen dabei kurz beleuchtet werden.

Der Zeitfaktor dürfte mitunter der schwerwiegendste Hinderungsgrund für geographisches fieldwork sein und zwar deshalb, weil Vorbereitung, Durchführung und Auswertung der erzielten Beobachtungsergebnisse mehr als nur eine Unterrichtseinheit beanspruchen. Trotzdem sollte im Laufe eines Schuljahres mindestens bei jedem Leitthema einmal die direkte Anschauung gesucht werden, um entsprechende Fähigkeiten im Schüler zu aktualisieren.

Die unterschiedliche Lage der Schulorte verbietet die Aufnahme genau umschriebener, einem bestimmten Fachinhalt gezielt zugeordneter „originaler Begegnungen" in die Erdkundelehrpläne. Genormte Kataloge überregionaler, das heißt in unserem Falle bundeslandbezogener Art, sind aufgrund der unterschiedlichen Standorte der Schulen nicht sinnvoll möglich. So ist es für Schulen in den Räumen Regensburg, Nürnberg, Bamberg, Würzburg u. a. durchaus denkbar, innerhalb des Leitthemas Verkehrseinrichtungen die naheliegende Binnenwasserstraße im Sinne einer „originalen Begegnung" aufzusuchen. Demgegenüber bieten sich für Schulen in oberbayerischen Fremdenverkehrsgebieten günstige Bedingungen für eine Begegnung vor Ort beim Leitthema Erholungsräume. Hier könnten z. B. typische Einrichtungen und erforderliche Anlagen eines Fremdenverkehrsortes in direkter Anschauung erkundet werden. Diese beiden Beispiele belegen die oben erwähnte Feststellung, daß die Aufnahme von als verbindlich bezeichneten Begegnungen vor Ort in die Lehrpläne nicht möglich ist. Diese Tatsache schließt jedoch einen Vorschlagskatalog für mögliche „originale Begegnungen" innerhalb eines bestimmten Schuljahres nicht aus. Daraus könnte dann der Erdkundelehrer aufgrund der lokalen Gegebenheiten auswählen.

Die fachspezifischen Lehrplaninhalte erlauben weit mehr Begegnungen vor Ort, als man dies vielleicht beim ersten Lesen annimmt. So können beim Leitthema[74] „Das Werden der Naturlandschaft" verschiedene Talformen unmittelbar betrachtet werden, ebenso wie die Wirkung des Wassers bei der Aufbereitung und Abtragung des Gesteins oder die an vielen Stellen sichtbaren Auswirkungen der Eiszeit, wenn man, um ein nicht naheliegendes Beispiel anzuführen, an die langgestreckte Lößfläche des Dungaus denkt. Das Leitthema „Bergbau" erlaubt wohl den meisten Schulen den Gang zu einem Steinbruch oder in eine Sandgrube. Ähnliches gilt für das Leitthema „Die Stadt und ihr Umland". Auch hier können wieder eine Fülle von Einzelerscheinungen in „originaler Begegnung" erforscht werden: Produktions-, Verarbeitungs-, Dienstleistungsbetriebe, die Verkehrserschließung der Region, die funktionalen Strukturen von City- und Trabantenstadt u. a. m. Das Leitthema „Verkehrseinrichtungen" erlaubt ebenfalls an vielen Stellen die direkte Begegnung: Verkehrseinrichtungen, Verkehrsmittel, Verkehrsknoten, Personen- und Güterverkehr, Individual- und Massenverkehr u. a. m. Und auch das Leitthema „Erholungsräume" gestattet, ja fordert gleichsam die unmittelbare Anschauung; man nehme dafür auch den jährlichen Wandertag in Anspruch, wobei in anschaulicher und recht erlebnisbetonter Form ein Ausschnitt des Naherholungsraumes im Sinne der „originalen Begegnung" erkundet wird.

Die Begegnung vor Ort läßt sich innerhalb der Schulerdkunde im wesentlichen in drei Bereichen realisieren. Wir können

---

74 Schulreform in Bayern, Erdkundelehrplan 5. Schj.

daher A. Schmidt nur zum Teil folgen, wenn er feststellt: „Der originale Gegenstand in der Erdkunde ist die Landschaft, sind Gegenstände in der Landschaft"[75]. Es wäre falsch, wenn man aufgrund dieser Aussage annehmen würde, daß bei der „originalen Begegnung" nur Geofaktoren im Mittelpunkt der Konfrontation Schüler — Gegenstand stünden. Mindestens ebenso notwendig ist die direkte Begegnung mit anthropogeographischen Erscheinungen, in denen die Interdependenz Mensch — Raum, Mensch — Natur sichtbar wird. Aufgrund dieser Überlegungen ist die Feststellung Schmidts zu ergänzen. Demnach ergeben sich für die Gesamtheit aller „originalen Begegnungen" drei für unsere Schulerdkunde bedeutsame Aktualisierungsbereiche.

Aktualisierungs-bereiche	Inhaltliche Ansätze
klimatische Erscheinungen	Lang- und kurzfristige Wetterbeobachtungen: Niederschläge, Temperaturen, Luftdruck, Sturm u. a. m.
geomorphologische Erscheinungen	Fluviatile Wirkungsprozesse, Talbildungen, geologische Schichtungen u. a. m.
anthropogeographische Erscheinungen	Menschliche Handlungsaktivitäten innerhalb eines bestimmten Umweltausschnittes

Abb. 8

3. Fachdidaktische Forderungen

In der neueren fachdidaktischen Literatur finden wir zunächst zwei bemerkenswerte Forderungen nach der „originalen Begegnung" mit unverkennbarer Betonung der spezifisch instrumentalen Qualifikationen, über die der Schüler verfügen können muß, wenn er durch direkte „Augenscheinnahme" neue Kenntnisse und Einsichten gewinnen will. In seinem Aufsatz „Lernziele in der Erdkunde" spricht E.

---

[75] Schmidt, A.: a. a. O., S. 151

Ernst[76] die instrumentale Dimension in recht differenzierter Weise an. Hier heißt es: „Besonders angelegt auf die Schaffung von Methodenbewußtsein ist die erdkundliche Lehrwanderung. Ihr fällt eine vorrangige Rolle im Lernprozeß zu. In der unmittelbaren Begegnung zwischen Bildungssubjekt und Bildungsobjekt lernt der Schüler die Fähigkeit zur Beobachtung als einer gezielten Wahrnehmung zu entwickeln und mit elementaren Untersuchungsstrategien zu operieren. Er begegnet in persönlichen Gesprächen den Fachleuten der Wirtschaft, der Öffentlichkeit und der Arbeitswelt in den verschiedenen Bereichen unserer Industriegesellschaft. Hierbei kann er sich durch Übung in unterschiedlichen Gesprächsformen, vor allem in der Anwendung des Interviews qualifizieren ... Von der Anwendung der erdkundlichen Arbeitsmethode ‚vor Ort' her läßt sich am ehesten — gleichsam als übergeordnetes instrumentales Lernziel — die Transferfähigkeit der Methoden, Modelle und Theorien auf analoge Situationen verdeutlichen. In der Lehrwanderung lernt der Schüler besonders anschaulich und an der Realität orientiert planungsrelevante Fragestellungen erörtern und kann zum Nachdenken über die Bereitschaft zu gesellschaftskritischem Handeln kommen." Diesen Äußerungen lassen sich bereits wesentliche instrumentale Qualifikationen entnehmen:

— Beim Schüler kann durch die „originale Begegnung" „bis zu einem bestimmten Grad fachimmanentes Methodenbewußtsein geschaffen" werden.
— Beim Schüler kann durch die „originale Begegnung" die „Fähigkeit zur Beobachtung als einer gezielten Wahrnehmung" eingeschult werden.
— Beim Schüler können durch die „originale Begegnung" „elementare Untersuchungsstrategien" vertieft werden (registrieren, messen, schätzen, auswerten u. a. m.).
— Beim Schüler kann durch die „originale Begegnung" die Fähigkeit, „mit Fachleuten persönliche Gespräche" zum Zwecke der Erkundung neuer fachspezifischer Erscheinungen und Gegebenheiten zu führen, eingeschult und entwickelt werden.

---

76 Ernst, E.: a. a. O., S. 189 ff.

Der Verband Deutscher Schulgeographen verweist in seinem Beitrag „Zur Gestaltung und Zielsetzung geographischen Unterrichts"[77] im Kapitel III/Nr. 3 ebenfalls, wenn auch nicht annähernd so detailliert wie Ernst, auf die „originale Begegnung" als Übungsfeld instrumentaler Lernziele: „Anwendung geographischer Arbeits- und Untersuchungsmethoden auch in der unmittelbaren Begegnung mit der Umwelt zur Förderung gezielter Wahrnehmung und Kreativität (z. B. Lehrwanderung, Feldarbeit, Betriebserkundungen, Befragungen)." Zwei Kriterien sind hier genauer zu betrachten, damit sie bei ihrer beabsichtigten Konkretisierung nicht zu falschen bzw. nicht erreichbaren Erwartungshaltungen führen. Die Forderung nach Anwendung geographischer Arbeits- und Untersuchungsmethoden ist zu pauschal und muß deshalb auf die Möglichkeiten im Elementarbereich reduziert werden. Es wäre z. B. irrelevant, beim fieldwork im Steinbruch das Fallen und Streichen der Schichten mit Hilfe spezieller Geräte, wie Klinometer, zu messen. Weiterhin müßte der Aspekt der Kreativität genauer dargestellt werden und zwar im Hinblick auf dessen Bedeutung bei der „originalen Begegnung". Dabei darf zunächst angenommen werden, daß Kreativität in der Arbeitsphase der Deutung fachspezifischer Erscheinungen eher mit dem Begriff spekulatives Denken zu umschreiben ist; das eigentlich Schöpferische schließlich wird wohl am besten bei der sprachlichen bzw. zeichnerischen Gestaltung der Beobachtungsergebnisse angesprochen werden. Wir sehen daraus, daß diese Feststellungen und Forderungen erst nach ihrem Aussagegehalt abzuklopfen sind. So wie sie vorgelegt wurden, stellen sie keine brauchbare Arbeitsgrundlage für die Gewinnung instrumentaler Qualifikationen dar.

In den Vorbemerkungen der Erdkundelehrpläne für die Orientierungsstufe und Hauptschule[78] finden sich die eben aufgezeigten Forderungen zum Teil wieder, wenngleich auch hier spezifische Hinweise auf den instrumentalen Lernbereich fehlen. Für die Orientierungsstufe wird in diesem Zusam-

---

77 Verband deutscher Schulgeographen: a. a. O., S. 293
78 Schulreform in Bayern: a. a. O.

menhang folgende Aussage gemacht: „Der vom Schulort aus erreichbare Raum soll als unmittelbarer Anschauungsbereich im Unterricht genutzt werden. Diesem Ziel dienen auch erdkundliche Lehrwanderungen, zu denen außer naturgeographischen Erkundungen auch Siedlungs- und Stadtbesichtigungen, Beobachtungen von Verkehrs-, Einkaufs-, Konsum- und Erholungsgewohnheiten gehören"[79]. Einige Zeilen weiter wird ein zentrales instrumentales Lernziel formuliert: Die Schüler sollen angeleitet werden und in der Lage sein, „das Kartenbild in die Wirklichkeit und die Wirklichkeit in das Kartenbild umzusetzen"[80]. Auf die bildungsbedeutsame „originale Begegnung" für die Schulerdkunde wird auch in den Vorbemerkungen zum Lehrplan für die Hauptschule kurz verwiesen. „Der unmittelbare Erfahrungs- und Erkundungsraum des Schülers ist Ausgangsort und Vergleichsgrundlage für die Vermittlung erdkundlicher Erkenntnisse"[81]. Instrumentale Einzelqualifikationen werden aber auch hier nicht aufgezeigt.

In den Standardwerken zur Fachdidaktik Geographie finden wir dagegen differenzierte Hinweise, wenngleich keine Klassifikation und lernzieladäquate Formulierung der instrumentalen Dimension vorgenommen wird. Hansen[82] meint, daß bereits in der Grundschule entsprechende Fähigkeiten angebahnt werden müssen, so z. B. die analysierende Beobachtungsfähigkeit, die durch regulierende Impulse und Hinweise seitens des Lehrers zu vertiefen ist. So käme man jenem Ziel, durch direkte Anschauung auf der Basis selbständiger Erkundung neue grundlegende geographische Erkenntnisse zu gewinnen, einen Schritt näher. Ausgehend von der Feststellung, daß „bloßes Wahrnehmen noch kein Wissen ergibt"[83], fordern Schnaß/Gerbershagen unausgesprochen als zentrale Handlungsaktivität bei der „originalen Begegnung" zuvörderst das Lernsehen, das dann in das von ihnen formulierte Beziehungsdenken einmündet. Unter Lernsehen, ein

---

79 Schulreform in Bayern: a. a. O., S. 163
80 Schulreform in Bayern: a. a. O., S. 163
81 Schulreform in Bayern: a. a. O., S. 248
82 Hansen, W.: Kind und Heimat. München 1968, S. 36 ff.
83 Schnaß/Gerbershagen: a. a. O., S. 92

im Bereich der Mediendidaktik gebräuchlicher Terminus, versteht man „das beachtende Sehen und das denkende Schauen"[84].

Das Phänomen des Beziehungsdenkens bei der Begegnung vor Ort wird von beiden Autoren interpretiert als „die Untersuchung der beobachteten Tatsachen, sowohl der Vorgänge als auch der Zustände auf ihre Ursachen und funktionalen Zusammenhänge hin"[85]. Diese Aussagen bringen uns schon ein beträchtliches Stück weiter bei unserem Bemühen nach einer differenzierten Strukturierung der instrumentalen Lernzieldimension. Ebenso wie Schnaß/Gerbershagen weist auch Adelmann[86] mit einem Zitat von L. Waibel auf zu aktualisierende Fähigkeiten bei der Begegnung vor Ort hin: „Unter Beobachtung verstehen wir nicht das reine Sehen, die bloße Autopsie, sondern, Beobachtung ist Sehen mit Denken verknüpft, bedeutet, daß man mit eigener Fragestellung an die sichtbaren Erscheinungen herantritt."

Wir können aus dem bisher Gesagten verschiedene instrumentale Fähigkeiten bei der „originalen Begegnung", die stufenmäßig, also phasisch angeordnet werden müssen, unterscheiden:

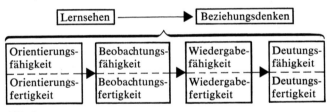

Abb. 9

4. Der psychologische Aspekt

Um die direkte Begegnung des Schülers mit einer geographischen Erscheinung gewinnbringend zu nutzen, ist das richtige didaktische Verständnis der Anschauung unerläßlich.

---

84 Schnaß/Gerbershagen: a. a. O., S. 92
85 Schnaß/Gerbershagen: a. a. O., S. 103
86 Adelmann, J.: a. a. O., S. 148

Das Phänomen Anschauung besitzt grundsätzlich multisensorischen Charakter, d. h. der Schüler hat bei der direkten Begegnung erdkundliche Erscheinungen und Gegebenheiten nicht nur visuell zu erfassen. Es werden vielmehr alle Sinne weitgehend angesprochen, das Auge ebenso wie der Gehör- und der Tastsinn. Im Steinbruch z. B. beobachten, messen, hören, berühren, empfinden die Schüler die Objekte. Sie registrieren nicht nur die Lage der Kalksteinschichtung, sie werden auch mit Hilfe eines spitzen Gegenstandes (Messer, Nagel etc.) ein Stück Kalkstein ankratzen, um so dessen Konsistenz festzustellen. Anschauen heißt also Wahrnehmen, aktives Erfassen durch die Gesamtpersönlichkeit des Schülers. Dies ist bei der Planung und Vorbereitung grundsätzlich miteinzubeziehen. Das bloße Anschauen genügt also nicht. Wir müssen den Schüler bei der Begegnung vor Ort zum analysierenden Beobachten im multisensorischen Sinne anhalten, weil erst dadurch die eine oder andere geographische Einzelerscheinung „fragwürdig" wird, d. h. der Schüler wird damit in jene Fragehaltung versetzt, die den Ausgangspunkt für Beantwortungsvermutungen bildet und so angemessene Denkstrategien initiiert. Die äußerlich sichtbaren Handlungsaktivitäten des Schülers werden dadurch internalisiert, die Hinwendung des einzelnen zum Gegenstand wird optimal vollzogen.

Die zur Betrachtung mit dem Ziel des Erkenntniszuwachses anstehende geographische Erscheinung ist nach Aebli[87] hinsichtlich der Form, der Beschaffenheit und der Funktion zu erfassen. Wenn wir das auch hier recht geeignete Beispiel „fieldwork Steinbruch" nehmen, so bedeutet das, daß sich der Schüler zuerst mit der gegebenen Formenvielfalt zu beschäftigen hat. Er wird versuchen, die Formen aufzunehmen und nachzuvollziehen und sie durch Assoziation auf bekannte Formen übertragen und vergleichen. Sicherlich erkennt er, daß Kalkstein in Schichten lagert, was ihn an die Bretterstapel eines Sägewerks erinnert. Als nächster Schritt wäre die Prüfung der Beschaffenheit durchzuführen, die wie oben beschrieben vollzogen werden kann. Schließlich gilt es vor-

---

87 Aebli, H.: Grundformen des Lehrens. Stuttgart 1969[6], S. 118 ff.

handene Funktionen, die zwischen Form und Beschaffenheit bestehen, herauszufinden, es werden Überlegungen angestellt bezüglich der gleichmäßigen Schichtung, man versucht, aufgrund der gegebenen geologischen Formen und der Beschaffenheit des Gesteinsmaterials die Entstehung zu ergründen. Dieses Beispiel zeigt uns deutlich, „wie wenig das Anschauen vom Denken getrennt werden kann"[88], allerdings nur, wenn es uns gelingt, die bewußte, analysierende Beobachtungsfähigkeit anzubahnen und zu entwickeln. Eine weitere entscheidende Aufgabe innerhalb der Vorbereitung und Planung ist deshalb, daß der Lehrer den Gegenstand der „originalen Begegnung" so auswählt, daß „die Menge der besichtigten Objekte vom Schüler bewältigt werden kann und ihn nicht in der Fülle der Eindrücke ertrinken lassen"[89].

5. Versuch einer Klassifizierung

Auf der Grundlage der vorausgehenden fachdidaktischen Aspekte lassen sich zunächst vier verschiedene, aufeinander aufbauende bzw. voneinander abhängige Stufen unterscheiden. Diesen Stufen werden dann entsprechende instrumentale Qualifikationen zugeordnet, die den Schüler befähigen, relativ selbständig, d. h. bei reduzierter Aktivität des Lehrers, vor Ort neue geographische Kenntnisse zu erlangen, neue Einsichten zu gewinnen, fachspezifische Fragen zu beantworten. Wie bei den anderen Übungsfeldern auch sind diese Fähigkeiten nach ihrer Einschulung durch immerwährendes Üben in konkreten Anwendungssituationen zu Fertigkeiten und diese schließlich zu Handlungsgewohnheiten zu überführen.

---

88 Aebli, H.: a. a. O., S. 128
89 Aebli, H.: a. a. O., S. 131

lernpsychologische Intentionen	Stufen der	Verhaltensaspekte	Instrumentale Einzelqualifikationen (= Feinziele ohne Inhaltsaspekt)
Lern-sehen	Orientierung →	orientieren und lokalisieren	1. Die Schüler sollen Lage und Ausrichtung der „vor-Ort-Erscheinung" mit Hilfe bestimmter Anzeichen in der Natur (Sonnenstand, Wetterseite) annähernd bestimmen können. 2. Die Schüler sollen die Lage der „vor-Ort-Erscheinung" mit dem Kompaß genau bestimmen können. 3. Die Schüler sollen die Lage der „vor-Ort-Erscheinung" auf einer großmaßstäbigen Landkarte lagerichtig lokalisieren können bzw. die Kartenaussagen mit der Geländeorientierung in Übereinstimmung bringen können (Fähigkeit des Einnordens).
	Eruierung →	analysierendes Beobachten und registrierendes Beschreiben	4. Die Schüler sollen Größe und Erstreckung der „vor-Ort-Erscheinung" ungefähr schätzen, falls möglich und sinnvoll mit Hilfe eines Meßgerätes genau ermitteln können. 5. Die Schüler sollen die Formenvielfalt der „vor-Ort-Erscheinung" erfassen und dominante Strukturen erkennen können. 6. Die Schüler sollen die Beschaffenheit der „vor-Ort-Erscheinung" in multisensorischer Weise feststellen können. 7. Die Schüler sollen in der „vor-Ort-Erscheinung" wirkende Menschen zielgerichtet befragen können.

			8. Die Schüler sollen Beobachtungsergebnisse sachrichtig skizzieren können.
			9. Die Schüler sollen Beobachtungsergebnisse durch Stichwortreihen sachrichtig beschreiben können.
			10. Die Schüler sollen Beobachtungsergebnisse durch einfache Faustskizzen annähernd lagerichtig kartieren können.
		Koordinierung	11. Die Schüler sollen an Hand der Beobachtungsergebnisse Funktionen von Einzelfaktoren der „vor-Ort-Erscheinung" erkennen können.
	erklären und deuten		12. Die Schüler sollen anhand der Beobachtungsergebnisse Abhängigkeiten zwischen den Einzelfaktoren der „vor-Ort-Erscheinung" herausstellen können.
			13. Die Schüler sollen anhand der Beobachtungsergebnisse Kausalgefüge und/oder Entstehungsursachen der „vor-Ort-Erscheinung" vermuten können.
			14. Die Schüler sollen anhand der Beobachtungsergebnisse und mit Hilfe des Lehrers Kausalgefüge und/oder Entstehungsursachen der „vor-Ort-Erscheinung" deuten können.
Beziehungsdenken	einordnen und übertragen	Klassifizierung	15. Die Schüler sollen die erzielten Beobachtungsergebnisse und die daraus entwickelten Kenntnisse und Einsichten in den entsprechenden geographischen Ordnungsrahmen einreihen können.
			16. Die Schüler sollen die erzielten Beobachtungsergebnisse und die daraus entwickelten Kenntnisse und Einsichten in neue, ähnlich strukturierte Situationsbereiche übertragen und sachrichtig anwenden können.

Es wäre natürlich verfehlt, anzunehmen, diese hierarchisch geordnete Organisationsstruktur instrumentaler Lernziele ließe sich grundsätzlich bei allen „originalen Begegnungen" verwenden. Vielmehr wurden bei deren Erstellung zwei Ziele verfolgt:

— Dieses Klassifikationsschema sollte die Breite der instrumentalen Lernzieldimension für das zur Diskussion stehende geographische Übungsfeld abdecken.
— Dieses Klassifikationsschema sollte aufgrund seiner Differenzierung für den Unterrichtspraktiker ein pragmatischer Orientierungsraster sein, der auf die individuellen Gegebenheiten reduziert bzw. relativiert werden kann und muß.

Wenn in der konkreten Unterrichtssituation diese instrumentalen Einzelqualifikationen auf die tatsächlichen Gegebenheiten reduziert werden, sind jedoch in jedem Falle die beiden lernpsychologischen Intentionen, aber auch die Abfolge der einzelnen Arbeitsphasen mit den ihnen zugeordneten Verhaltensweisen einzuhalten.

VIII. Instrumentale Qualifikationen und Unterrichtsplanung

Die Anbahnung und Entwicklung der verschiedenen instrumentalen Qualifikationen stellt eine wesentliche Aufgabe innerhalb unserer Schulerdkunde dar. Dabei zielen wir nicht auf Ausentfaltung dieser oder jener Fertigkeiten zu automatisierten Handlungsabläufen um ihrer selbst willen; vielmehr dienen diese dem Schüler dazu, selbsttätig und selbständig kognitive Ziele zu erreichen. Das ist aber nur möglich, wenn die einzelne Qualifikation so entwickelt ist, daß sie ohne Schwierigkeiten, d. h. ohne zu große kognitive Belastung, ausgeführt werden kann. Erst dann kann der einzelne mit ihrer Hilfe durch eigenes aktives Tun aus gegebenen Tatsachen und Informationen neue Kenntnisse und Einsichten gewinnen. Beispiele dafür bieten sich aus der Unterrichtspraxis in genügender Zahl an. Eingekleidete Rechenaufgaben können erst dann gelöst werden, wenn der Schüler u. a. die Grundrechenarten beherrscht. Ebenso bildet die Lesefähigkeit die Grundlage für den Erwerb neuer Kenntnisse und Einsichten aus Sprachganzen.

Bei der Planung und Organisation der Unterrichtsprozesse achten wir in der Schulerdkunde in besonderem Maße auf die beiden Gestaltungsprinzipien Veranschaulichung und Selbsttätigkeit[90]. Letzteres läßt sich jedoch nur dann sinnvoll realisieren, wenn wir die Notwendigkeit einer zielstrebigen Einschulung jener für die Bewältigung geographischer Inhalte erforderlichen Arbeitsweisen bejahen. Dabei dürfen wir den Begriff Arbeitsweise nicht als bloßen manuellen Bewegungsvorgang und -ablauf verstehen; vielmehr handelt es sich weit mehr um geistige Fähigkeiten und Fertigkeiten, die vor allem in der Phase der Einschulung das intellektuelle Leistungsvermögen des Schülers in starkem Maße ansprechen.

Aufgrund der großen Bedeutung für die Bewältigung der schulischen Anforderungen, aber auch für die spätere Bewäl-

---
90 Vgl. dazu die Kompendienliteratur zur Allg. Didaktik!

tigung der beruflichen und privaten Gegebenheiten ist es dringend geboten, daß instrumentale Lernziele bewußt und planvoll eingeschult und ausentfaltet werden. A. Roth bietet uns dafür ein „Stufungsmodell der Fertigkeitsschulung"[91] an, das für unsere Schulerdkunde gut geeignet erscheint. Er unterscheidet hier „vier Hauptstufen bei der Aneignung einer Fertigkeit:

— das Vormachen in bestmöglicher Form,
— das Nachmachen unter möglichster Vermeidung von Fehlern,
— das Üben,
— das Überführen der erworbenen Fertigkeiten in den Gebrauch"[92].

Jede instrumentale Einzelqualifikation ist demnach zuerst dem Schüler zu zeigen, vorzuführen in optimaler Ausentfaltung, indem einfache Lernziele als Ganzheit, komplexere schrittweise aufgrund ihrer Teilabläufe dargestellt werden. Der Lehrer führt z. B. den Schülern die Fähigkeit des Einnordens vor, zeigt ihnen die Handhabung des Kompasses, zeichnet die ersten einfachen Diagramme vor oder gibt Hinweise für die Erstellung einer Stichwortreihe anhand eines geographischen Sachtextes. Ungeeignet für die instrumentale Dimension ist daher die Lernart des trial and error[93] nach Thorndike, weil einmal fixierte fehlerhafte Arbeitsweisen nur mit großen Anstrengungen zu korrigieren sind. Auch hier gilt der populär-didaktische Lehrsatz, daß Fehler verhindern besser ist als Fehler korrigieren.

Diese Feststellung zielt bereits auf den zweiten Schritt bei der Einschulung von Fertigkeiten, der in enger zeitlicher Verbindung mit der ersten Stufe zu erfolgen hat. Das Nachvollziehen unter Vermeidung von Fehlern erfordert die beständige Kontrollfunktion des Lehrers und läßt sich, zumindest am Anfang, nur in Ausnahmefällen durch kooperative Arbeitsformen bewältigen. Wir achten dabei immer darauf, daß das Nachmachen genau der Handlungsvorstellung entspricht, ge-

---

91 Roth, A.: a. a. O.
92 Roth, A.: a. a. O., S. 102 ff.
93 Vgl. Correll, W.: Lernpsychologie. Donauwörth 1970[3]

ben Hinweise und wiederholen zwischendurch des öfteren die zur Einschulung anstehende Fähigkeit.
Die allmähliche Überführung in immer schnellere und sichere Handlungsabläufe erfolgt erst auf der Stufe der Übung. Wenn für diese unerläßliche Artikulationsphase innerhalb der Unterrichtseinheit bisweilen nicht mehr genügend Zeit zur Verfügung steht, kann das übende Tun, das „Einschleifen" der Fähigkeit, der häuslichen Arbeit übertragen werden.
Weniger schwierige Aufgaben, wie die Darstellung von einfachen Produktionsziffern durch Diagramme, das Erfassen eines Kerngedankens eines geographischen Quellentextes und dessen sprachliche Formulierung oder die Ermittlung bestimmter Entfernungen mit Hilfe der Maßstabsleiste lassen sich ohne große Schwierigkeiten im Rahmen einer Hausaufgabe bewältigen. Durch wohl dosierte Steigerung erreichen wir schließlich eine immer größere Geläufigkeit, die beständig in konkreten Anwendungssituationen zu überprüfen ist. Damit haben wir nun schon die letzte der vier Hauptstufen erreicht, wo „der Handlungsablauf nicht mehr isoliert für sich geübt, sondern in einem größeren Zusammenhang eingebettet wird"[94]. Der Schüler wird nun selbst spüren, daß ein auf diese Weise erworbenes „Instrumentarium" ihn zur Lösung größerer und komplexerer Aufgaben befähigt.
Wie kognitive Elemente einem individuell unterschiedlichen Abbauprozeß unterworfen sind, werden instrumentale Fähigkeiten und Fertigkeiten weniger vergessen als verlernt. Das veranlaßt zur Forderung nach permanenter Übung. Dies geschieht zuverlässig, wenn man im Zusammenhang mit der Vorbereitung der jeweils anstehenden Unterrichtsstunde den psychomotorischen Aspekt immer im Auge behält.
Innerhalb der didaktischen Analyse, jenem zentralen Bereich der Unterrichtsplanung[95] wird also stets zu überlegen sein, an welcher Stelle des projektierten Unterrichtsverlaufes welches instrumentale Lernziel in optimaler Weise angesprochen werden kann. Dies verweist zwingend auf die Interdependenz geographischer Inhalte und fachspezifischer Arbeits-

---

[94] Roth, A.: a. a. O., S. 105
[95] Klafki, W.: Didaktische Analyse als Kern der Unterrichtsvorbereitung. In: Auswahl, Reihe A, Bd. 1, Hannover 1964, S. 5—34

weisen. Anders ausgedrückt besagt das, daß wir bei jedem Teilinhalt überlegen sollten, ob bzw. welches instrumentale Lernziel gerade hier angebahnt, eingeschult, ausentfaltet, vertieft oder geübt werden kann.

Schlußbemerkung

Vertreter der Fachdidaktik Geographie räumen zum größten Teil der kognitiven Lernzieldimension den Vorrang ein. Das mag für den schulischen Bereich als erforderlich erachtet werden, der Lebenswirklichkeit aber wird dies nicht gerecht; denn sie verlangt vom Menschen z. B. weniger die eine oder andere in der siebten Klasse gewonnene Einsicht oder einige vor fünfzehn Jahren erfaßte Kausalzusammenhänge. Letztlich entscheidend für die Daseinsbewältigung sind die diversen instrumentalen Qualifikationen, die man früher einfacher, dafür weniger präzise mit dem Begriff formale Bildung umschrieb. Entscheidend sind sie deshalb, weil sie dem Menschen den durch die hohe Mobilität und Pluralität unserer Gesellschaft erforderlichen immerwährenden Anpassungsprozeß erleichtern und weil erst durch sie der junge Mensch fähig wird für das lebenslange Lernen. „Das Schwergewicht des Unterrichts kann daher nicht auf der Vermittlung von Wissen liegen, sondern in der Übung von Fertigkeiten mit Wissen umzugehen. Diese Fertigkeiten sind von einem Fach zu einem anderen zu übertragen und lassen sich als eine Form von ‚Allgemeinbildung‘ bezeichnen. Diese Deutung trifft das gewünschte Ergebnis der schulischen Bildungsbemühungen besser als die bisher oft darunter verstandene Ansammlung von lexikalischem Wissen"[96].

---

96 Horn, R.: Lernziele und Schülerleistung. Weinheim 1972², S. 111

IX. Zusammenstellung der Klassifikationsschemata instrumentaler Qualifikationen

Nachfolgend sind alle in dieser Arbeit aufgezeigten Klassifikationsschemata der größeren Transparenz, des leichteren Überblicks und der besseren „Handhabung" in den konkreten Anwendungssituationen wegen, zusammengefaßt.

Qualifikationen an kartographischen Arbeitsquellen

1.	Die Schüler sollen mit Hilfe der Legende phsyikalische Karten lesen können.
2.	Die Schüler sollen mit Hilfe der Maßstabsleiste Entfernungen messen können.
3.	Die Schüler sollen sich mit Hilfe landschaftsgliedernder Elemente, des Gradnetzes und des Registers auf der Karte orientieren können.
4.	Die Schüler sollen in überschaubaren, gut gegliederten Räumen Geo- und Soziofaktoren lagerichtig lokalisieren können.
5.	Die Schüler sollen die abstrakten Karteninhalte in Raumvorstellungen übertragen können.
6.	Die Schüler sollen aus thematischen Karten sozioökonomische Aussagegrößen entnehmen können.
7.	Die Schüler sollen sozioökonomische Aussagegrößen thematischer Karten in Beziehung setzen können mit topographischen Inhalten physischer Karten.

Qualifikationen an bildhaften Arbeitsquellen

Methodische Reihe	Zielfragen	Instrumentale Einzelqualifikationen
Lokalisieren	wo + wann	1. Den Bildinhalt auf der Landkarte ungefähr lagerichtig lokalisieren können. 2. Die Himmelsrichtung auf dem Bild festlegen können. 3. Die Tages- bzw. Jahreszeit auf dem Bild ermitteln können.
induktives Erforschen planmäßiges Betrachten ⇄ Registrieren → sinnvolles Ordnen	was + wie	4. Die Einzelinhalte des Bildes „lesen" können. 5. Die typisch geographischen Aussagen des Bildes heraussuchen können. 6. Den Darstellungsschwerpunkt im Bild erkennen können. 7. Das Nebeneinander der Bildinhalte verbalisieren können. 8. Das Nebeneinander der Bildinhalte gliedern und ordnen können.
Interpretieren analytisches Denken	warum + wozu	9. Die geographischen Bildaussagen deuten können. 10. Die geographischen Bildaussagen in-Beziehung-setzen können. 11. Anhand geographischer Bildaussagen Zusammenhänge erkennen können. 12. Anhand geographischer Bildinhalte mögliche Entwicklungsprozesse ablesen können. 13. Anhand verschiedener geographischer Bildinhalte Vergleiche anstellen können. 14. Die aufgrund von Bildaussagen ermittelten Erkenntnisse übertragen können.

Qualifikationen an sprachlichen Arbeitsquellen

Grobziel	
Die Schüler sollen geographische Sachtexte auswerten können.	
Feinziele	Teilschritte
Die Schüler sollen einen geographischen Sachtext in seiner Ganzheit erlesen können	Stufe der Motivation
Die Schüler sollen die Informationsaussagen eines geographischen Sachtextes auf der Landkarte richtig lokalisieren können.	Stufe der Lokalisierung
Die Schüler sollen in geographischen Sachtexten aufscheinende unbekannte Begriffe und nicht verstandene Zusammenhänge unter Verwendung anderer Hilfsmittel erläutern können	Stufe der Klärung
Die Schüler sollen einen geographischen Sachtext durch Formulierung von Teilüberschriften oder durch Einzelskizzen gliedern können.	Stufe der Gliederung
Die Schüler sollen den Kerngedanken eines geographischen Sachtextes erfassen und verbalisieren können.	Stufe der Konzentration
Die Schüler sollen den Informationsgehalt eines geographischen Sachtextes durch eine Stichwortreihe oder eine durchformulierte Zusammenfassung oder in Form einer Skizze festhalten können.	Stufe der Verdichtung

Qualifikationen an statistischen Arbeitsquellen

Instrumentale Grobziele	Geografische Zahlen als Arbeits- und Erkenntnisquelle
Grobziel Die Schüler sollen einfache Tabellen, Statistiken und grafische Darstellungen erstellen können. *Grobziel* Die Schüler sollen einfache Tabellen, Statistiken und grafische Darstellungen auswerten können.	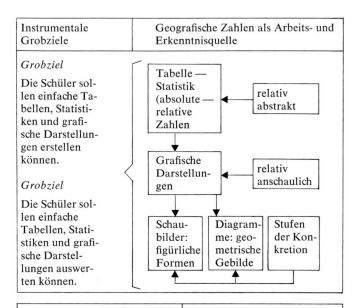

Grobziel

Die Schüler sollen einfache Tabellen, Statistiken und grafische Darstellungen erstellen können.

Grobziel

Die Schüler sollen vorhandene oder selbst erstellte einfache Tabellen, Statistiken und grafische Darstellungen auswerten können.

Feinziele

1. Die Schüler sollen vorhandenes Zahlenmaterial auf der Landkarte lagerichtig lokalisieren können.
2. Die Schüler sollen vorhandenes Zahlenmaterial sinnvoll tabellarisch ordnen können.

Feinziele

3. Die Schüler sollen vorhandenes Zahlenmaterial in einfache grafische Darstellungen umsetzen können.

4. Die Schüler sollen anhand von Tabellen, Statistiken und grafischen Darstellungen Maximal-, Minimal- und Durchschnittswerte ermitteln können.
5. Die Schüler sollen anhand von einfachen Tabellen, Statistiken und grafischen Darstellungen Entwicklungsprozesse ablesen und verbalisieren können.
6. Die Schüler sollen anhand von einfachen Tabellen, Statistiken und grafischen Darstellungen Funktionszusammenhänge ablesen und verbalisieren können.
7. Die Schüler sollen tabellarische, statistische und grafische Darstellungsaussagen mit den physischen Gegebenheiten des Zuordnungsraumes in Beziehung setzen und daraus Schlußfolgerungen ableiten können.
8. Die Schüler sollen tabellarische, statistische und grafische Darstellungsaussagen mit bekannten Größen und Grundmaßen des näheren Raumbereiches vergleichen können.

Die „originale Begegnung" als Übungsfeld instrumentaler Qualifikationen

Lernpsych. Intentionen	Stufen der	Verhaltensaspekte	Instrumentale Einzelqualifikationen (= Feinziele ohne Inhaltsaspekt)
	Orientierung	orientieren und lokalisieren	1. Die Schüler sollen Lage und Ausrichtung der „vor-Ort-Erscheinung" mit Hilfe bestimmter Anzeichen in der Natur (Sonnenstand, Wetterseite) annähernd bestimmen können. 2. Die Schüler sollen die Lage der „vor-Ort-Erscheinung" mit dem Kompaß genau bestimmen können. 3. Die Schüler sollen die Lage der „vor-Ort-Erscheinung" auf einer großmaßstäbigen Landkarte lagerichtig lokalisieren können bzw. die Kartenaussagen mit der Geländeorientierung in Übereinstimmung bringen können (Fähigkeit des Einnordens).
Lernsehen	Eruierung	analysierendes Beobachten und registrierendes Beschreiben	4. Die Schüler sollen Größe und Erstreckung der „vor-Ort-Erscheinung" ungefähr schätzen, falls möglich und sinnvoll mit Hilfe eines Meßgerätes genau ermitteln können. 5. Die Schüler sollen die Formenvielfalt der „vor-Ort-Erscheinung" erfassen und dominante Strukturen erkennen können. 6. Die Schüler sollen die Beschaffenheit der „vor-Ort-Erscheinung" in multisensorischer Weise feststellen können. 7. Die Schüler sollen in der „vor-Ort-Erscheinung" wirkende Menschen zielgerichtet befragen können. 8. Die Schüler sollen Beobachtungsergebnisse sachrichtig skizzieren können.

			9. Die Schüler sollen Beobachtungsergebnisse durch Stichwortreihen sachrichtig beschreiben können.
			10. Die Schüler sollen Beobachtungsergebnisse durch einfache Faustskizzen annähernd lagerichtig kartieren können.
	Koordinierung	erklären und deuten	11. Die Schüler sollen anhand der Beobachtungsergebnisse Funktionen von Einzelfaktoren der „vor-Ort-Erscheinung" erkennen können.
			12. Die Schüler sollen anhand der Beobachtungsergebnisse Abhängigkeiten zwischen den Einzelfaktoren der „vor-Ort-Erscheinung" herausstellen können.
			13. Die Schüler sollen anhand der Beobachtungsergebnisse Kausalgefüge und/oder Entstehungsursachen der „vor-Ort-Erscheinung" vermuten können.
			14. Die Schüler sollen anhand der Beobachtungsergebnisse und mit Hilfe des Lehrers Kausalgefüge und/oder Entstehungsursachen der „vor-Ort-Erscheinung" erschließen können.
Beziehungsdenken	Klassifizierung	einordnen und übertragen	15. Die Schüler sollen die erzielten Beobachtungsergebnisse und die daraus entwickelten Kenntnisse und Einsichten in den entsprechenden geographischen Ordnungsrahmen einreihen können.
			16. Die Schüler sollen die erzielten Beobachtungsergebnisse und die daraus entwickelten Kenntnisse und Einsichten in neue, ähnlich strukturierte Situationsbereiche übertragen und sachrichtig anwenden können.

Literatur

Adelmann, J.: Methodik des Erdkundeunterrichts. München 1966³
Aebli, H.: Grundformen des Lehrens. Stuttgart 1969⁶
Bayer. Staatsministerium für Unterricht und Kultus: Schulreform in Bayern. Bd. 1, München 1970
Brucker/Hausmann: Bodenzerstörung und Bodenerhaltung in den Prärieebenen der USA. In: Geogr. Rundschau, Braunschweig 1972, Beiheft 2
Bruner, J. S.: Studies in cognitive growth. New York 1966
Correll, W.: Lernpsychologie, Donauwörth 1970⁸
Dave, R. H.: Eine Taxonomie pädagogischer Ziele und ihre Beziehung zur Leistungsmessung. In: Ingenkamp/Marsolek: Möglichkeiten und Grenzen der Testanwendung in der Schule. Weinheim 1968
Diercke/Dehmel: Weltatlas. Braunschweig 1968⁵⁵
Driesch/Esterhues: Geschichte der Erziehung und Bildung. Paderborn 1961, Bd. II
Ebinger, H.: Erdkunde in der Volksschule. Lübeck 1966
Einsiedler, W.: Arbeitsformen im modernen Sachunterricht. Donauwörth 1972
Ernst, E.: Lernziele in der Erdkunde. In: Geogr. Rundschau, Braunschweig 1970/4
Ernst, E.: Der bisherige Beitrag der Geographie zu Fragen der räumlichen Umweltgestaltung. In: Der Erdkundeunterricht, Stuttgart 1971, Sonderheft 1
Hanisch, M.: Länder in Westafrika. In: Geogr. Rundschau, Braunschweig 1972, Beiheft 2
Hansen, W.: Kind und Heimat. München 1968
Hausmann, W. (Hrsg.): Welt und Umwelt. Braunschweig/München 1972, Lehrerausgabe
Heimann/Otto/Schulz: Unterricht. Analyse und Planung. Hannover 1970
Hendinger, G.: Lehrziele und ihre Verwirklichung. In: Geogr. Rundschau, Braunschweig 1970, Beiheft 1
Hoffmann, G.: Lehrplan Erdkunde für Klasse 5 und 6. In: Geogr. Rundschau, Braunschweig 1971, Beiheft 1
Horn, R.: Lernziele und Schülerleistung. Weinheim 1972²
Karnick, M.: Mein Heimatort. Weinheim 1965
Klafki, W.: Didaktische Analyse als Kern der Unterrichtsvorbereitung. In: Auswahl, Reihe A, Bd. 1, Hannover 1964
Kopp, F.: Didaktik in Leitgedanken. Donauwörth 1970³
Kreibich/Hoffmann: Lehrplanentwurf für die Klassen 5 und 6. In: Geogr. Rundschau, Braunschweig 1971, Beiheft 1

Mohr, K.: Methodische Gestaltung des Unterrichts. München 1966²

Roth, A.: Die Elemente der Unterrichtsmethode. München 1969²

Roth, H.: Pädagogische Psychologie des Lehrens und Lernens. Hannover 1969¹¹

Richter, D.: Lehrplanentwurf für die Orientierungsstufe. In: Geogr. Rundschau, Braunschweig 1971, Beiheft 1

Scheibner, O.: Zwanzig Jahre Arbeitsschule in Idee und Gestaltung. Jena 1930

Schmidt, A.: Der Erdkundeunterricht. Bad Heilbrunn 1968²

Schnaß/Gerbershagen: Der Erdkundeunterricht. Bad Godesberg 1952³

Schultze, A.: Allgemeine Geographie statt Länderkunde. In: Geogr. Rundschau, Braunschweig 1970/1

Verband Deutscher Schulgeographen: Zur Gestaltung und Zielsetzung geographischen Unterrichts. In: Schultze, A. (Hrsg.): Dreißig Texte zur Didaktik der Geographie. Braunschweig 1972²

Wagenschein, M.: Das exemplarische Lehren. Hamburg 1958

Wellenhofer, W.: Erläuterungen erdkundlicher Grundbegriffe. München 1972

Wellenhofer, W.: Lernzielorientierung als Unterrichtsprinzip. In: Zs.: Welt der Schule (Grundschule), München 1974/12

Westermann Schulatlas, Braunschweig 1970²

Wocke, M. F.: Heimatkunde und Erdkunde. Hannover 1968⁷

Verzeichnis der Abbildungen

Abb. 1: Gegenüberstellung des faktorenanalytischen Schemas von Guilford und der Taxonomie der psychomotorischen Dimension nach Dave 13

Abb. 2: Psychomotorischer Lernbereich des Berliner Arbeitskreises für Didaktik (Heimann/Otto/Schulz) 13

Abb. 3: Unterschiedliche kognitive Leistungsanforderungen bei den einzelnen Qualitätsstufen der instrumentalen Dimension 16

Abb. 4: Übertragung des didaktischen Prinzips der Spirale auf ein instrumentales Lernziel 17

Abb. 5: Curriculare Anforderungen zentraler Art an erdkundliche Lehrbücher 18

Abb. 6: Abhängigkeitsverhältnis der Faktoren Selbständigkeit — instrumentale Fähigkeiten — Umweltbewältigung 65

Abb. 7: Behaltensleistungen bei verschiedenen Veranschaulichungsformen nach Düker/Tausch ... 66

Abb. 8: Aktualisierungsbereiche „originaler Begegnungen" in der Schulerdkunde 69

Abb. 9: Lernpsychologische Intentionen bzw. Phasen bei der „originalen Begegnung" 73

Bildnachweis

Foto S. 44: NASA/USIS, Objektiv: Zeiss Oberkochen/West Germany